JN292484

小児科医がつくった

おくれがちな子、LD児、ADHD児など、どの子も伸ばす

ゆっくり さんすう プリント

10までの かず

解答と解説

別冊「解答と解説」は本体にこの表紙を残したまま、ていねいに抜き取ってください。
なお、「解答と解説」抜き取りの際の損傷についてのお取り替えはご遠慮願います。

小学館

小児科医がつくった

おくれがちな子、LD児、ADHD児など、どの子も伸ばす

ゆっくり さんすう プリント

10までの かず

解答と解説

小学館

ゆっくり　さんすう プリント

はじめに　　武田洋子（小児科医）

ご家族や先生方にわかってほしい、子どもたちの大変さ、そしてサポートのヒント

学習がきらいな子ども、わからない子どもは、なぜそうなのか？

ここに挙げた中に思い当たることはありませんか？

このような子どもたちは、ふつうの学習だけでは、なかなか効果が上がりません。こうした子どものために、「ゆっくり　さんすう　プリント」では子どもたちの特性を踏まえ、それぞれ以下のような配慮をしています。学力のサポートは、まず子どもたちへの理解から。ご家族も、先生方も、ぜひ「7つのとびら」をひらき、これらのメソードを、援助してあげる際の参考にしてください。きっと、子どもたちへの大きな力になれます。

理解のための「7つのとびら」

――学習がきらいな子ども、わからない子どもは、なぜそうなのか？――

1のとびら　生活体験から学ぶ機会の不足

自然界の動物たちは、言葉を知りません。それでもりっぱに家族や社会をつくり、子どもを育てています。それは、体験的に、生きていくための知恵をたくさん蓄え、受け継いでいるからではないでしょうか。人間の子どもたちにとっても、生活体験から学ぶことは、それ自体が大切であるとともに、言葉による学習の基礎にもなります。「よく学び、よく遊べ」という教えは、学習と生活体験をともに大切にし、相互に強化しながら、心身を鍛え、豊かな知恵を育むことのすすめを説いているものと思います。学力が不十分な子どもほど、生活体験からたくさんのことを学んでほしいとも思います。しかし、今日の社会環境においては、**学習が子ども自身の生活と離れ、単なる負担になっている場合も多いのではないでしょうか。**それでは、力不足の子どもは、やる気がわかないのも自然なことと思います。

➡「ゆっくり　さんすう　プリント」では、生活体験と共鳴させながら、数量の成り立ちや変化への確かな理解を促し、得られた理解やスキル（技能）を、生活の中で生かせるように配慮しています。そのため、一貫して［**くだものや動物、乗りものなどの身近な実物（具体物）→タイルや○・△といった半具体物→数字という意味を表す文字**］という一連のステップを踏みながら数を扱い、わかったことを「お使い」などにも役立てられるよう組み立ててあります。

（例）　すうじの　かきかたを　おぼえましょう。（1から5）

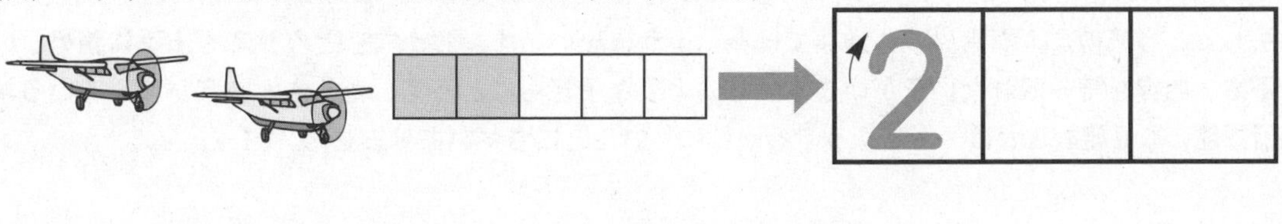

したがって、ここでは内容を、実生活の中でも特にお金の計算に必要な数値処理にしぼってあります。機械的に計算力をつけ、スピードをあげるような課題もありません。［気持ちの面］のキーワード、**生活体験**も参考にしてください。

2のとびら　姿勢、全身や手先の動き、視線などをコントロールする機能の弱さ

よい姿勢で、きょろきょろせず、ていねいにきちんと課題に取り組むことは、学習の基本ですが、**ついそわそわしたり、不器用だったりして、やることが雑になる子がいます。**心がけが悪いわけではなく、注意すれば直るというものでもありません。そのような子どもにとって、学習は取り組むこと自体が、つらいことだと思います。

➡「**ゆっくり　さんすう　プリント**」では、○をかいたり、線を引いたり、絵の中から質問に合うものを探したり、といったさまざまな課題を通し、段階的に視線と手先の共同作業を訓練するようにしています。［感覚や運動］のジャンルのキーワード（**目と手の共同作業、手先の機能**など）も参考にしてください。プリントの紙面でも取り組むのがむずかしい場合は、拡大コピーなどをして、やりやすくしてあげてください。

3のとびら　頭の中に留め置く力の弱さ

学習はむずかしくなるにつれ、いろいろなことがらを頭の中に留め置いて処理することが必要になります。たとえば、計算で、くり上がりの数を覚えておいたり、くり下がりをしたときに、上の桁の数が減ったことを覚えておいたり、文章題で、何の数がいくつか、何を聞かれているのかを念頭に式を立てたりしなければならなくなります。**学力が不十分な子どもは、このような「頭の中の黒板に書いておく力」が弱いことがあります。そのため、考えがまとまらず、途中でわけがわからなくなりやすいのです。**

➡「**ゆっくり　さんすう　プリント**」では、留め置くべきことがらを、目に見える絵や図に示したり、自分で書き出したりして、忘れず意識しやすいようにしています。また、頭の中の黒板に書ききれなくなり、混乱することのないよう、できるだけシンプルな課題で理解を図るようにしています。［気持ちの面］のキーワード、**記憶**なども参考にしてください。

4のとびら　言葉の力不足

学習は言葉を使って理解し、積み上げていく必要があります。算数は、外国語で学んだとしても同じことで、言葉とは関係がないと思われがちですが、じつは、知識を蓄えることや物語を読むこと以上に、理解したり、考えたりするために、言葉の力が必要だと、私は海外に住んで感じました。決して、音楽のような世界の共通語ではないように思います。しかし、**どうしても上手に読めない子や、内容を読み取れない子がいます。そのような子どもにとって、たくさん文字が並んでいる学習課題に取り組むことは、おっくうでわかりにくいことにちがいありません。**

➡「ゆっくり　さんすう　プリント」では、読む力の弱い子どものために、①絵や図によって言葉からのイメージ化や理解を補助する、②問題文をなるべく短くしスペースのある分かち書きとする、③単語の途中で行を変えない、④手本を示す、などの配慮をしています。これらのことにより、言葉が十分にわからなくても、直感的に数への理解を得やすいようにし、またそのような方法で算数を学ぶことにより、自然に言葉を読み取る力もつくように、言葉の数を段階的に増やすなどの工夫をしてあります。そのため、海外・帰国子女や外国人の子どもにも取り組みやすいと思います。［言葉に関すること］のジャンルのキーワードも参考にしてください。

5のとびら　落ち着きがない

落ち着きがない子どもは、先生のお話や学習課題から、大切なメッセージを上手に受け取ることが苦手です。その一方で、どうでもいいことにすぐ反応し、気が散りやすい傾向があります。悪い子ではなく、しつけが悪いというわけでもないのですが、学習は集中と根気がいるだけに、不利な要因です。

➡「ゆっくり　さんすう　プリント」では、対象とする学習テーマへの集中を図るため、テーマと関係のないイラストや余計なものは盛り込んでいません。また、1ページで扱う問題を少なくし、別の種類の内容がいっしょにならないようにするなど、紙面をできるだけシンプルにし、すっきりわかりやすくしてあります。［気持ちの面］のジャンルのキーワードも参考にしてください。

6のとびら　そこの部分だけやろうとする

算数は内容が連続していきますので、理解をつなげていく必要があります。しかし、まだ小さい子どもが、そのような心づもりで学習することはとてもむりです。ですから、これは教える側の責任でもあります。つまり、**全体的な視点や先への見通しを持たずに、そこの部分だけ教えているご家族が多いようです。**そうすると、内容がむずかしくなったときにつまずくことがあります。

➡「ゆっくり　さんすう　プリント」では、つねに先への見通しに立ち、その段階を高度な内容への手前の段階として取り組み、スモールステップで体系的に理解とスキルを積み上げていくようにしています。位取りを中心に、それぞれのことがらが、このあと、どのようなことがらへとつながっていくのかも、そのつど説明してあります。［数に関すること］のジャンルのキーワードも参考にして下さい。

7のとびら　自信がない

やろうとしない子ども、表現しない子どもの場合、その原因は、「できなくて怒られたくない、笑われたくない」という気持ちからきていることがあります。学習以外でも怒られることが多く、ほ

められることは少ないために、自信がなく、**やらないことで自分を守ろうとするのです。**

➡**「ゆっくり　さんすう　プリント」**では、学習が負担にならないように、年齢や学年を指定せず、得点も制限時間も設定していません。むりなくあっさりできるとき、できるところから始めてください。そして、わからないときも決して怒らず、何度でもくり返しよく教えてあげてください。教え方も、「こんなときはこのように」と詳しく解説しています。

そしてもうひとつ、もっとも大切なこととして、子どもに**「やすらぎ」**を与え、できてもできなくても、安心して学習に取り組める雰囲気づくりを心がけてほしいと思います。

特性のさらなる理解にむけて

少し専門的なことになりますが、知的能力には、**動作性知能**と、**言語性知能**があり、言語性の力は、動作性の力を基盤に発達するものでもあります。そして、算数の学習には、そのどちらも影響するとされています。

さらに、問題解決の方法として、**継次処理**と、**同時処理**があり、子どもにより、やりやすい方法があるようです。

●**動作性知能**：目で見て直感的にわかる力。たとえば、迷路やパズルを解く力、記号や図形がわかる力など。

●**言語性知能**：言葉で理解したり覚えたりして、積み上げていく力。たとえば、季節や曜日の並び順がわかる、反対の言葉や、犬と動物などの仲間関係がわかる力など。

◆**継次処理**：言葉による説明を手がかりに、一つずつ連続的に手順をふんで処理するやり方。たとえば、目的地へ行くのに、道順を書いたメモを手がかりに、順に道筋をたどっていく方法。

◆**同時処理**：いくつかのことがらを、絵や図で関連に注目しながら、空間的全体的に目でとらえて処理するやり方。たとえば、目的地へ行くのに、地図を手がかりに、現在地との関係や方向をとらえながら進む方法。

継次処理が得意な子どもに効果的な指示の例

おつかい　たのむね！

①さくらどおりの　ポストに、はがきを　だして。

②ひがしまちの　「やまとや」さんで、いつもの ぎゅうにゅう　1ぽん　かう。

③しんごうを　わたって　ひのでどおりへ。

④コンビニで、アイスを　1はこ　かって かえる。　（すきなので　いいよ。）

同時処理が得意な子どもに効果的な指示の例

よりよいサポートのために

動作性の力と言語性の力に偏りがある場合、得意なほうで不得意なほうを補いながら、処理方法もやりやすい、つまりわかりやすい方法で解いていくのが効果的です。このことを踏まえ、**「ゆっくり　さんすう　プリント」**では、それぞれのタイプの子どもを想定し、さまざまな方法を取り上げてあります。その子どもが乗ってくる方法を中心に援助してください。

例)

1．数字の形を「えんぴつ1本、あひるの2、おみみの3、かかしの4、（台所の）お玉をもったら5」などと、意味づけをすることで覚えやすくするのは、言語性の力が強い子どもに向いているやり方です。

2．**「えのもんだい」**で、あわせた数や、数のちがいを絵で見てとらえやすくするのは、言語性の力が弱い子どものイメージ力を補うものであり、同時処理的なやり方でもあります。

内容がむずかしくなっていくにつれ、こうした特性に応じた教え方が大切になりますが、それぞれの特性を知るには、専門のスタッフによる評価・分析が必要なこともあります。ご家族や先生方だけでは判断がむずかしい場合は、専門の医療機関にご相談いただきたいと思います。医学的な立場から、それぞれの子どもに適した学習のバイパス路を見つけ、あるいはネットワークをつくり、無理のない目標に向け道案内をしていただくようお勧めします。

お伝えしたいこと

学力は、「できた」という体験を積み重ね、達成感を得ることで、さらに高度な内容への意欲が生まれ、伸びていくものと思います。**学習障害(LD)児は、それぞれに学び方、ある意味で少し文化のちがう子どもであり、理解とサポートが必要です。**特性を活かした自由なやり方で学習できるよう、医療者、教育者、ご家族が、ともによき援助者でありたいと思います。それは、「みんなと同じように」ということより、少し困難なことかもしれません。それでもきっと、子どもにも、ご家族にも、それぞれに自分らしい幸福をもたらすものと信じています。

参考文献

1）森永良子・上村菊朗：『LD－学習障害』医歯薬出版、1999
2）尾崎洋一郎他：『学習障害(LD)及びその周辺の子どもたち』同成社、2000
3）宮尾益知：「学習障害児と注意欠陥/多動性障害児」小児科42：920-927、2001
4）加我牧子・稲垣真澄：『医師のための発達障害児・者診断治療ガイド』診断と治療社、2006
5）森永良子：「学習障害児(LD)への対応」小児科42：935-943、2001
6）大江健三郎・大江ゆかり：『恢復する家族』講談社、1995

解答と解説

10までの　かず　きそ

1　おおきい　と　ちいさい

P8-9 **解答**

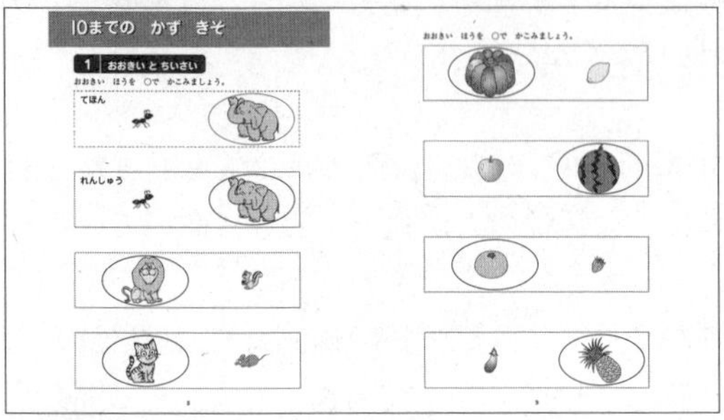

解説

実物の大小
読む力

「おおきい・ちいさい」の理解は、算数の入り口です。

たとえばケーキを切り分けるとき、子どもはだれしも、大きいほうがいいと思います。みんな同じならよくても、自分のだけが小さかったら、おもしろくないのは当然です。そんな、**目で見た感覚を**「おおきい・ちいさい」という**言葉でも**比べられるところに、人間のもうひとつの知恵があると思います。算数の学習では、数量の大小を学びます。「おおきい・ちいさい」の理解は、その第一歩と思います。

文字を読める子には、問題をゆっくり読ませてください。問題を注意深く正確に読み取ることは、学習の基本です。上手に読めない場合は、読んであげて後から追いかけて読ます（**追い読み**）、またはいっしょに読む（**連れ読み**）などをしてみてください。よく読み取れなくてもできるように、「てほん」を示してあります。**言葉とともに**、絵や図を**目で見て**問題に取り組む中で、**「読み取る力」**もまた育てていきたいと思います。

目と手の共同作業
心がまえ

もうひとつ、心がけてほしいことがあります。それは、ある程度、鉛筆に力を入れて○をかくことです。この後に出てくる直線もそうですが、筆圧（筆力）を高めておくことは、しっかりとした文字を書く前段階として、重要なことです。さらに、○をていねいにかくよう促してください。形がゆがむのは別にかまいません。 や のように、はじめとおわりが、あまり離れないように教えてください。そのためには、目と手の共同作業が必要です。**目と手のスキルアップ**（技能向上）とともに、初歩の段階で、雑にならず、**学習にきちんと取り組む心がまえ**もまた、身につけたいと思います。

最初は「てほん」をまねて、同じようにやってみましょう。次からは、自分の知恵の出番です。「できた」ということは、「目でわかり、言葉で理解し、知恵で判断し、手の機能で作業ができた」ということです。そのすばらしさをご理解のうえ、ともに喜んであげてください。

補充①

読む力

「追い読み」、**「連れ読み」**は、「読み」の力が弱い子にぜひ試してもらいたい方法です。絵本などでもお試しください。この次の段階としては、まとまりごとに家族と子どもが代わるがわる読む、**「交互読み」**をお勧めします。最初は点（、）ごとに、次は1行あるいは1文ごとに、その次は段落ごとに、そして1ページくらいずつと、読むところを長くしていくことで、読みの力がつきます。

補充②

姿勢の保持

落ち着いて学習に取り組み、目と手の共同作業ができるためには、よい姿勢を保つことが必要です。しかし、ついそわそわと、絶えず体を動かしたり、姿勢が崩れたりする子がいます。このような子どもは、心がけが悪いのではなく、姿勢をコントロールする機能が不十分な場合があります。重力や体全体からの感覚をまとめ、コントロール機能を高める訓練が有効な場合もありますので、心配な場合は、専門医にご相談ください。

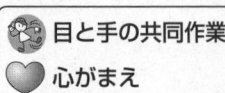

P10-11 解答

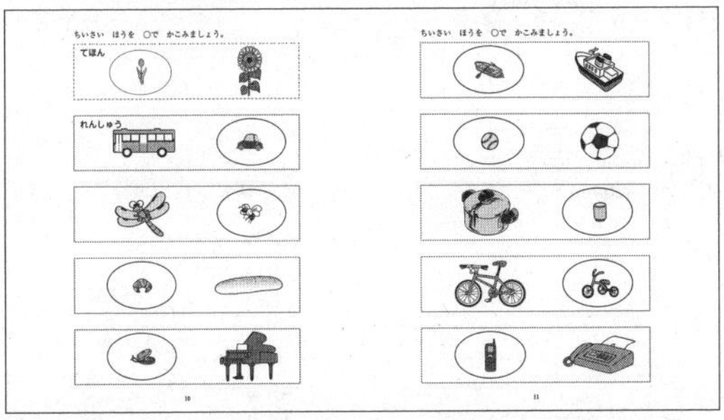

解説

指示への注意

つぎは「ちいさいほう」です。「ちいさいほうよ」と教えてしまわず、自分で注意深く読ませてください。勘違いしないように、「てほん」もあげました。

「おおきいほう」より、当然○の大きさが小さくなります。これから、小さい○をかく課題がたくさん出てきますので、その準備としても、ていねいにかかせてください。

P12-13 解答

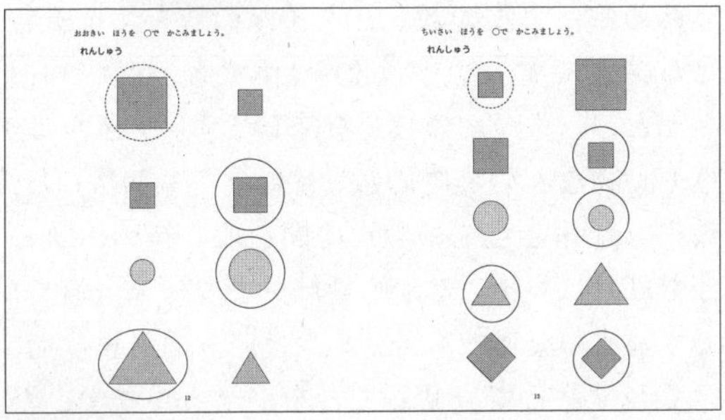

解説

図形の大小
形の理解

ここでは、実際の物ではなく、図形を取り上げています。たとえば「すいか」と「りんご」のように、生活の中で、体験的にわかっていることをイメージすることから離れ、純粋に「おおきい・ちいさい」を比べることになります。できたら、とてもすばらしいことです。

形の名まえも、できれば、「しかく、まる、さんかく」は、わかるようにしておきたいと思います。

補充

この機会に、本、テレビの画面、時計、お皿、おにぎりなど、どの形の仲間か、注意を向けてみてください。箱の形などの立体との区別は、まだ必要ありません。

2 ながい と みじかい

P14-15 解答

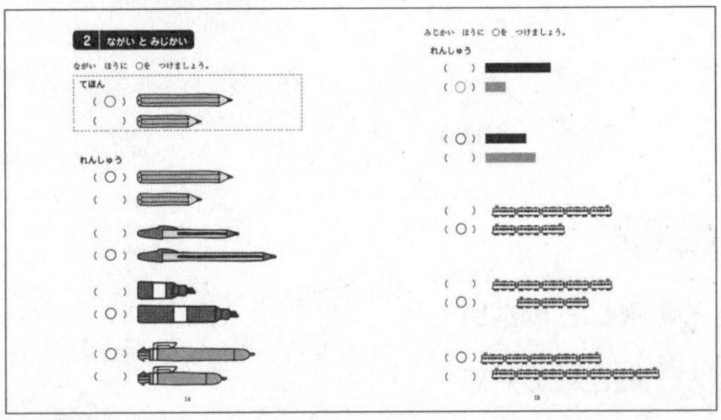

解説

長短
単位量といくつ分

こんどは、「ながい・みじかい」です。

センチメートルやメートルという単位を使って長さを測る、または比べる前に、目で見たときの「ながい・みじかい」という感覚をしっかり理解しておきましょう。

電車の問題3問は、見た目で判断できれば十分ですが、何両あるかを数えて比べることに気づき、数えて比べられた子は、とても立派です。それは、1両を長さの単位として使い、**「単位量がいくつ分」**として比べていることだからです。答えの○の大きさも、ぐっと小さくなります。ていねいにかかせてください。

補充

電車を数えなかった子も、あとでできるようなら数えさせてみましょう。長さと数を結びつけるきっかけになります。

身近なものでも、コードやベルトなどで、長さ比べをしてみましょう。そのとき、片方のはじをそろえて比べるとわかりやすいことに気づくようなら、いいと思います。

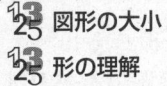

3　おおい　と　すくない

P16-17 解答

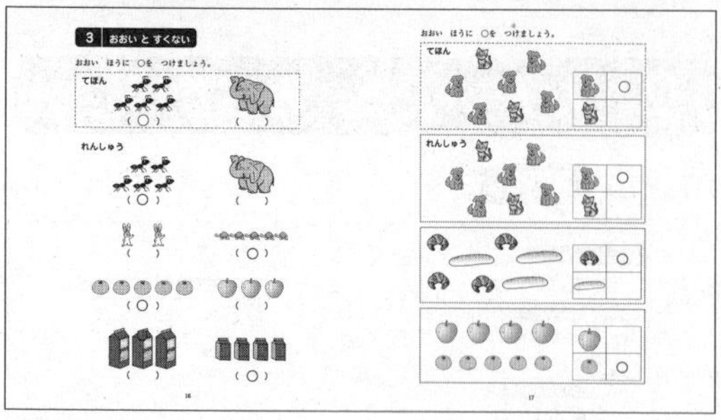

解説

多いと少ない
物と数の対応

「おおい・すくない」で、いよいよ数える練習が始まります。

最初に出てきたありとぞうが、ふたたび登場します。「おおきい・ちいさい」と、「おおい・すくない」はちがうということ、小さいほうが多いこともあるということを、しっかり学びたいと思います。ゆっくり、いっしょにでもいいですから、声を出して数えさせてください。そのとき、同じものを二度数えたり、残してしまったりしないよう、鉛筆でひとつずつ指しながら、あるいは○で囲みながら、数える方法を教えてください。数を唱えるだけなら1、2、3、……と言えても、実際に物を数えてもらうと、物と数が合わずにバラバラになる子が少なくありません。ゆっくりでも、**物と数の対応**を身につけたいと思います。

仲間分け
数の保存

p.17では、**仲間分け**が必要になります。「仲間ごとの数」というとらえ方は、今後たし算、ひき算といった計算処理をするうえで、重要な意味をもってきます。仲間ごとに、上記のように1個ずつ数えさせてください。

りんごとみかんでは、りんごのほうが少し大きいうえに、広がっているので、間違えやすいです。大きさやちらばり方、並び方によらず、4個は4個であり、5個は5個であること（**数の保存**）、数は数どうしで比べることを、しっかり学びたいと思います。

発展練習として、パンと果物の2組の中で、同じ数のものはどれか、聞いてみてください。

P18-19 解答

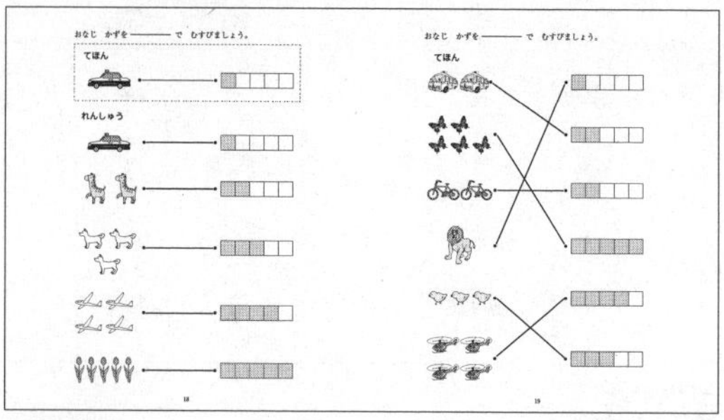

解説

実物と半具体物（タイル）
5の分解

ここからは、正方形のタイルを1あたりの単位量とし、その数や連続した長さで、数量を学んでいきます。1や2といった小さい数も、つねに5のまとまりの中で、5よりどのくらい小さいのか、いくつ小さいのかということの理解に向け、目で見て、なじんでいくために、5の帯の中で表していきます。この理解は、計算力の基礎となります。

初めは、実物の数と、タイルの数をマッチさせる練習です。数字は文字1個でも、2個や3個などと、いくつかの数を意味します。タイルは、車や動物などの実物の数（目に見える個数）と、数字（意味としての数）の間を取り持つ、数の分だけ目に見え、しかも意味的なツール（道具）です。どんな物でも、タイルという同じ単位で、いくつ分として表せることを、しっかり学びたいと思います。

目と手の共同作業
注意力　**筆圧**

p.18では、点と点を水平な線で、p.19では、斜めの線でも結びます。**目と手と注意力で、「きちんと結ぶこと」、「筆圧をかけて（力を入れて）線を引くこと」**を、アドバイスして下さい。①始点と終点を意識し、②自分で手の動きをコントロールし、③紙上の鉛筆の動きを目で追うことができること、そして、④いろいろな線を目的に応じて書けるようになること、⑤筆圧をかけられることは、これから文字を書くことを習得していくうえで、無くてはならないスキル（技能）です。一見単純な作業が、これから始まる文字の学習の基礎ともなることを踏まえ、ていねいに取り組んでください。

心づもり　p.19では、線を引き始めてから「どれかな？」と探すのではなく、対応する物をしっかり選び、「ここと結ぶ」と心づもりしてから、線を引くようにしてください。**「考えて、わかってから行動する」**という、学習における基本的な心がまえを身につけたいと思います。

P20-21 解答

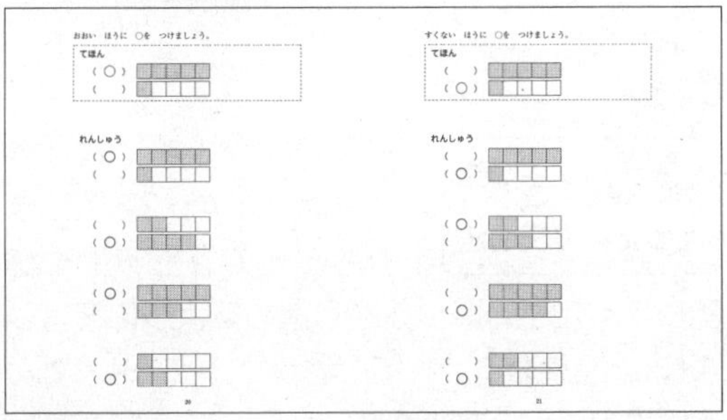

解説

半具体物（タイル）による数　**5の分解**　**数える練習**　タイルだけで、数を比べることになります。考え方の段階として、大きな前進です。

数えるよりも、目で見た長さでわかる子が多いと思いますが、このあとの問題形式に慣れるためにも、しっかり数えさせてください。見た目よりも、口で数えたほうが、しっくりわかる子もいるはずです。多いほうを選ぶのか、少ないほうを選ぶのかは、勘違いせず、自分でしっかり読んで取り組めるよう、「よく読んでやるのよ」と注意をうながしてください。

補充

目と手の共同作業　できれば、適当な大きさのタイルを2色用意してください。実際のタイルでも結構ですが、ホワイトボードに貼るような、磁石になっている柔らかいプレート（マグネットシート）を1辺1.5cm程度の正方形に切ったものなどが、5個分や10個分などの長さを1本につくれるので、この先便利です。並べて数と長さを比べたり、コップやみかんなど、いろいろなものと同じ数だけ並べたりする練習をお願いします。自分の目と手を使うことで、しっかり身につき、手先の運動機能の訓練にもなります。

4　おぼえよう 5までの かず

P22 解答

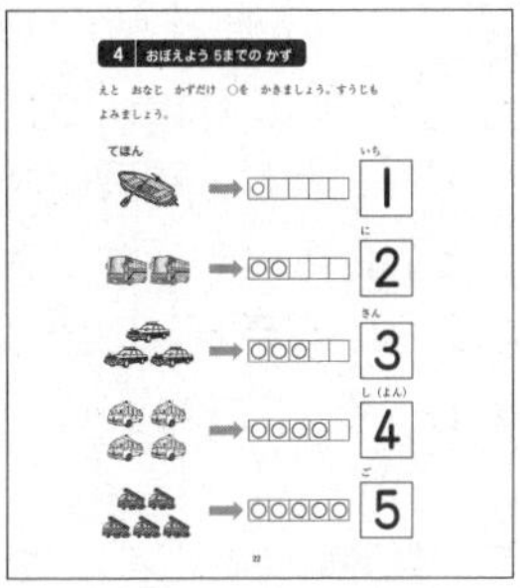

解説

数字の読み方と意味　いよいよ数字が出てきました。ただ、読めるだけでは何にもなりません。

自分の手で○をかくということには、タイルを使うのと同じ意味があります。**実物の数（目に見える個数）→個数だけ○をかく→数字（意味としての数）**、というつながりで、5までの範囲の中で、数量としての数の意味をしっかり理解したいと思います。そのうえで、声に出して読んでみましょう。

補充

数字の読み方　読み方を覚えられないときは、似た形のもので、「えんぴつ1本、あひるの2、おみみの3、かかしの4、（台所の）お玉をもったら5」などと、意味づけをすると覚えやすい子もいます。

P23 解答

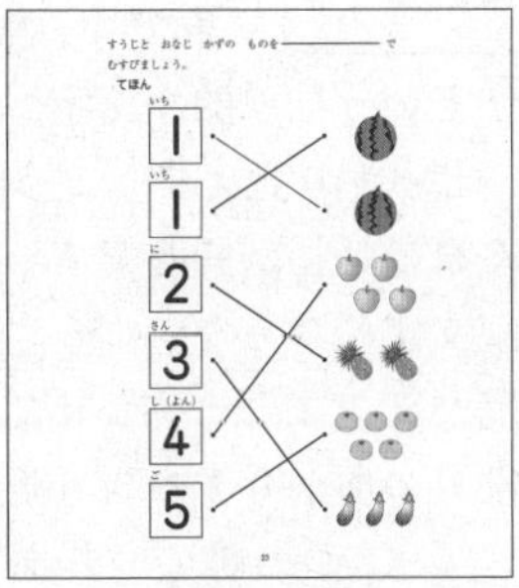

解説

こんどは数字が先です。数字から、いくつ分

数字の意味
個数のイメージ

というように、個数をイメージするステップが必要になります。これができれば、数字の意味がわかったということです。とてもすばらしいと思います。

補充①

指の算数運動

理解がむずかしいようでしたら、1、2、3、4、5のカードをつくり、順番に読んで、カードをとらせ、その数の分のおはじきやタイルを並べる、それから、バラバラに読んでやる、などの方法で援助してください。

補充②

補強として、数字に対応して、指を使えるようにしたいと思います。指の使い方はいろいろありますが、計算のときに使う、親指から1、2、3と折っていく使い方を、特に覚えておきたいと思います。数を順番に、続いてはバラバラに言って、3であれば、「1、2、3」と、指を親指から3本目の中指まで折る方法に慣れてほしいと思います。

P24 解答

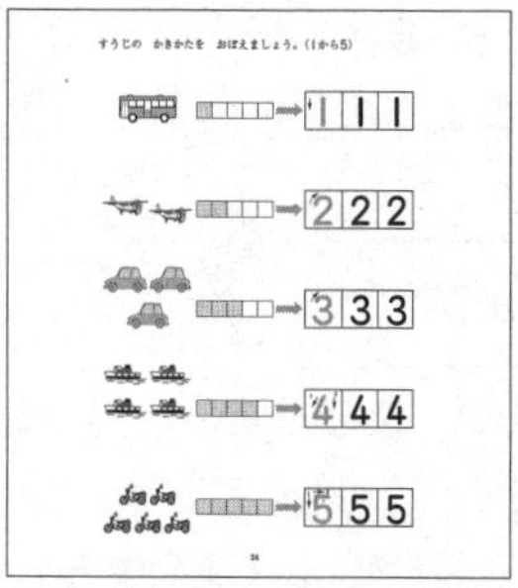

解説

数字の書き方

さあ、数字を書く番です。実際の物の個数から数字という抽象的な文字へ、タイルを仲介にして、しっかり覚えましょう。

正しく書くには最初が肝心です。①正しい書き順で、②鏡文字にならないよう、③正しい形で、ある程度バランスよく書かせて下さい。2、3、5の丸い部分の曲がり方や折り返し方、全体のバランス、4の二つの線のつりあいを、よく見てください。

特に、次のことに注意してください。

4は∠と|の2本が交わっていること。
つまり、縦の線は上下2本に分けないこと。
一筆書きしないこと。
5も一筆書きしないこと。

角の折り返しを上手に書けない子は、一瞬鉛筆を止めることができないことがあります。「止め」と声がけをする、手を添えるなどして、一瞬止める要領を援助してください。折り返しや線の交わり、二画のつながりを上手に書くことは、かな、漢字など、文字の習得上きわめて重要です。形が単純な数字の段階で、身につけておきたいものです。

補充

文字を覚えるための援助法

なかなか上手に書けない子は、まずp.22、23までもどって、「読み」を確認してください。しっかり読めるように復習しましょう。読めるけれども書けない子には、たとえば次のような方法を試してみてください。

(1) 子どもの手を持って、いっしょに空中に大きく「1《いち》」「2《に》」というように、声を出しながら書く、それから並んで別々に書く。子どもの手を持って、白い紙にクレヨンで、いっしょに声を出しながら、紙いっぱいに大きく書く。

(2) 文句で覚える。たとえば、直線は「きゅっと」、曲線は「きゅうの」という約束にする。さらに、イメージしやすい形や意味とマッチングする。そのうえで、次のような文句を言いながら書く。

1:「きゅっと」1本、えんぴつ君。
2:「きゅうのきゅっと」で、あひるの2。
3:「きゅうのきゅうの」で、お耳の3。
4:「きゅきゅっときゅっと」で、かかしの4《し》。
5:「きゅっときゅうのきゅっと」で、お玉の5。

もちろん、他の方法でも結構です。どの方法でも、子どもがのってくる方法で援助してください。のってくるのは、そのやり方がその子にとってわかりやすいからです。形と言葉(意味)と運動を、上手に組み合わせて使うことを、お勧めします。

P25 **解答**

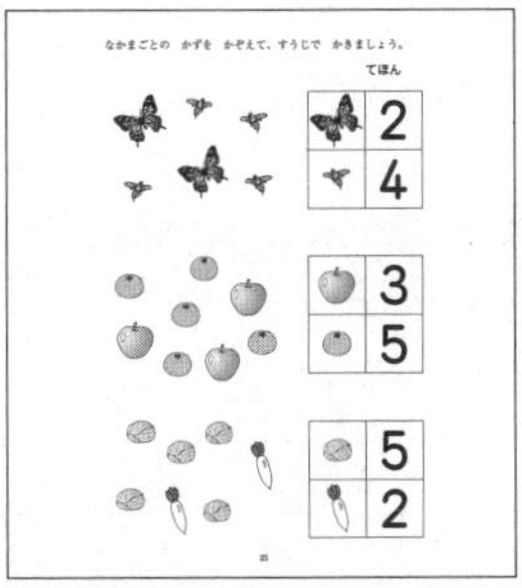

解説

仲間分けと数
目と手の共同作業

p.17の仲間ごとの「おおい・すくない」から発展し、数を書くことになります。ひとつずつ指す、印をつけるなどして数える方法を、もう一度強化してください。どちらが多いか、少ないかも聞いてみましょう。仲間ごとの数を、目で見て、感覚的にとらえておくことが、この先、「ちがいはいくつ」「どちらがいくつおおい・いくつすくない」の計算の基礎となります。

補充

スペースの感覚

解答欄に、上手に数字を書けない子がいると思います。なるべくはみ出さずにおさめられるよう、はみ出しやすい子には、解答欄の内側を、蛍光ペンなどでなぞり、その中にはまるように意識づけるなどしてください。

P26 **解答**

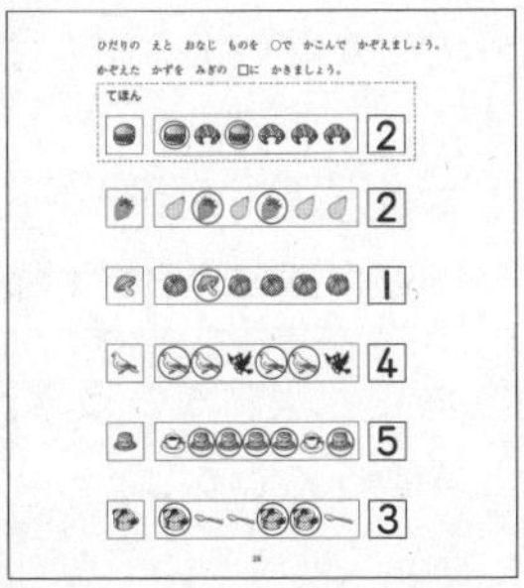

解説

問題の読み取り
記憶　仲間分け
形の理解　注意力

ここでも、仲間ごとの数を扱いますが、意外にp.25よりむずかしいのです。まず、①問題が2つのことを求めています。そうすると、前半のことを忘れてしまうことが多いのです。さらに、②問題文の中の○、□と、自分が書く○、解答欄の□は、大きさがちがうので、言っていることの意味がわからないこともあります。また、③注意しないと、数えまちがえることがあります。

できなかった子どもは、これらのどこができなかったのかを見極め、そこの部分を教えてあげてください。このような、**間違いのパターンに応じた指導**は、今後内容がむずかしくなるにつれ、大変重要になってきます。ご家族も、そういう見方ができるようにしていきたいと思います。できた子どもは、しっかり読み取ることができ、形の意味を理解し、仲間分けができ、注意力のある、そして数がわかる子ということです。すばらしいといえます。

5　いくつと いくつで 5かな?

P27 **解答**

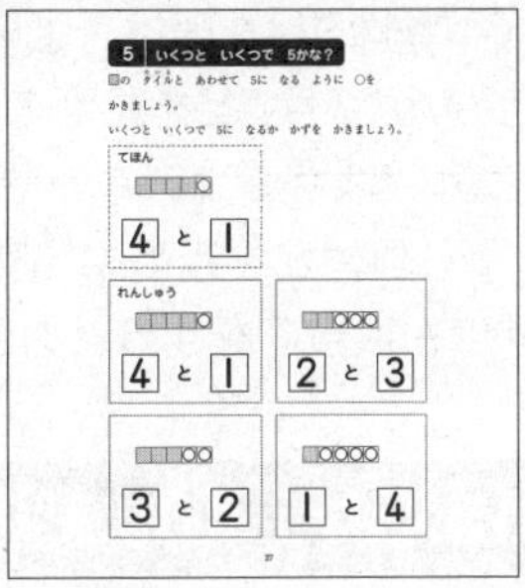

解説

5の合成と分解

これから大きい数を扱うにつれ、位取りの理解が重要なかぎになります。そのためには、数を10のまとまりとしてとらえることが必要になります。5のまとまりのつくり方、いい換えれば「いくつといくつで5」という5の合成・分解の理解は、その前段階です。タイルを使うことや、○を書くこと、また指を使うことで、見ることと手作業をいっしょにしながら、理解を確かにしたいと思います。ここがクリアできれば、5までの数のたし算・ひき算が、わかりやすくなります。つねに、そういう先の見通しのもとに、ひとつひとつの理解を体系的に積み上げていくことが大切です。

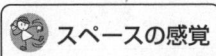

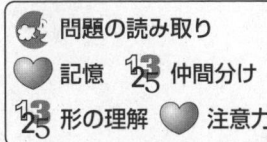

P28-29 解答

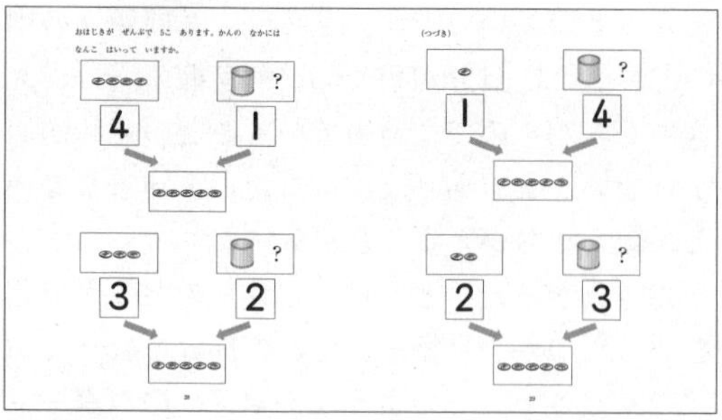

解説

最初に5のまとまりが示されていない分、少しむずかしくなります。下にかいてある5個をヒントにすることに、自分で気がつかないといけないのです。ここでは、たとえば下の5個と上の4個を比べて、ひき算感覚で1個と求めることは、まだできない子がほとんどと思います。1個、2個と数を試しに入れてみて、何個だと合わせてちょうど5個になるか、自分で探し出せれば十分です。

補充

発展として、5個の絵を隠し、上の4個とかんだけ、3個とかんだけなどを見せてやってみてください。家庭ではキャンディーやおはじきなどで、5個のうち何個かを手の中に隠して、何個隠したか、何度も数当てをすると力がつきます。

6　おぼえよう 10までの かず

P30 解答

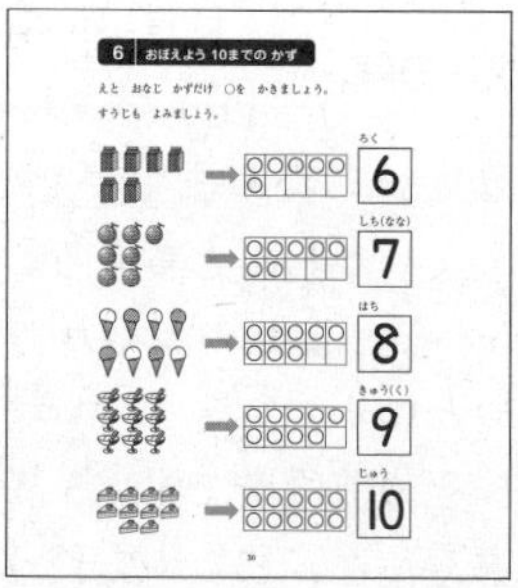

解説

5といくつ
数字の読み方と意味

6から10までの数の登場です。いろいろに並んでいる物を、10のまとまりを示すマスの中で「5個といくつ」という形に整理することで、「5よりいくつ多い」ということの理解をうながしたいと思います。

数字の読み方も声に出して覚えましょう。

P31 解答

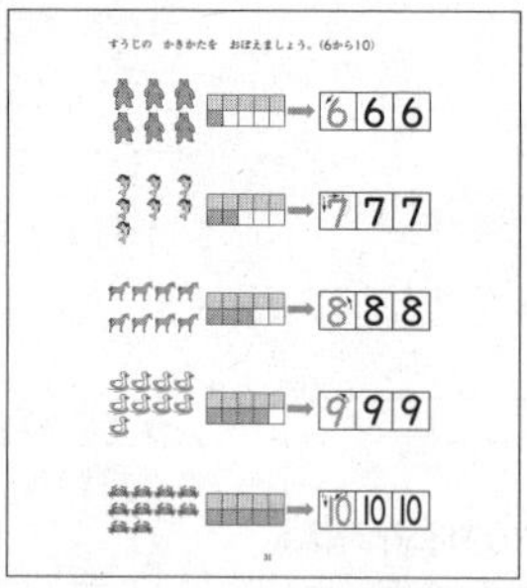

解説

5といくつ
数字の書き方

実物から、タイルを仲介として数字へ、つねに「5といくつ」ということを念頭に、数字を書くようにしたいと思います。ここでも、①正しい書き順で、②鏡文字にならないよう、③正しい形である程度バランスよく、書かせてください。

6 0と区別できるように書きましょう。

7 一筆書きにならないようにしましょう。

8 傾いたり、∞となることがあります。また、始点と終点が閉じないことがあります。回る方向が途中で変わるのでむずかしいのです。手を添えたり、なぞり書きで練習しましょう。

9 時計回りで書かないようにしましょう。方向を変えるところで、しっかり閉じること、角をつくることに気をつけましょう。
鉛筆の一時停止はできるでしょうか。

10 1と0が、あまり離れないように、0はしっかり閉じるようにしましょう。

上手に書けない子については、p.24の解説を参考に援助してください。

P32 **解答**

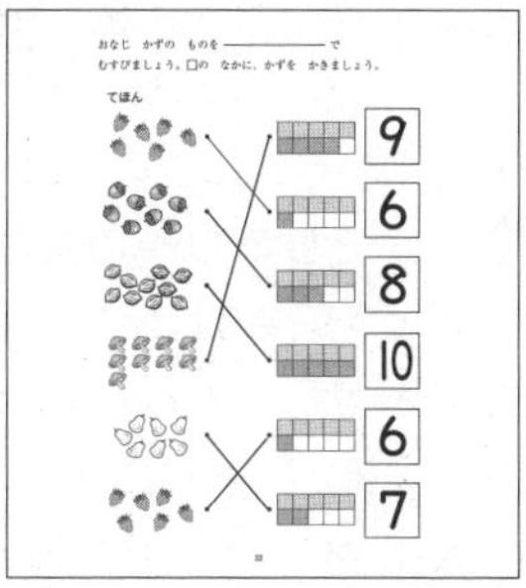

解説

- 数字の意味
- 数字の書き方
- 目と手の共同作業

実物の個数とタイルの数を自分で合わせるステップを踏み、さらに数字を書く、という作業で、数字の数量としての理解を確実にしたいと思います。数字はゆっくり、ていねいに書かせてください。

補充

発展として、タイルの部分だけを見せて（その左右を厚紙などでカバーして）「いくつ？」と聞いてみてください。10のまとまりのマスの中で、「5といくつ」ということから、直感的に数がわかるようになるといいと思います。

実際に2色のタイルを5～10個（1～10個でもいいです）問題のように2段に並べ、数当てをするのもいいですね。

7　5と　いくつ

P33-34 **解答**

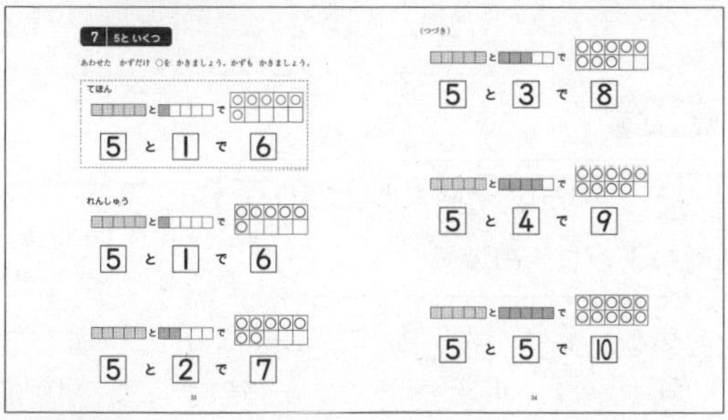

解説

- 5といくつの合成
- たし算への準備

p.27の「いくつといくつで5」という5の合成・分解に続き、6から10までの数を、「5といくつ」というとらえ方で学んでいきます。実質的には「5＋いくつ」の、たし算をしていることになります。計算練習に入る前に、このような形で、数の成り立ちをしっかり理解しておきたいと思います。このように「**ゆっくりさんすうプリント**」では、進んでからつまずかないように、すべて先の見通しのもとに、基礎固めをするようにしています。手間を惜しまず、目と手と文字で、理解させてください。

P35-36 **解答**

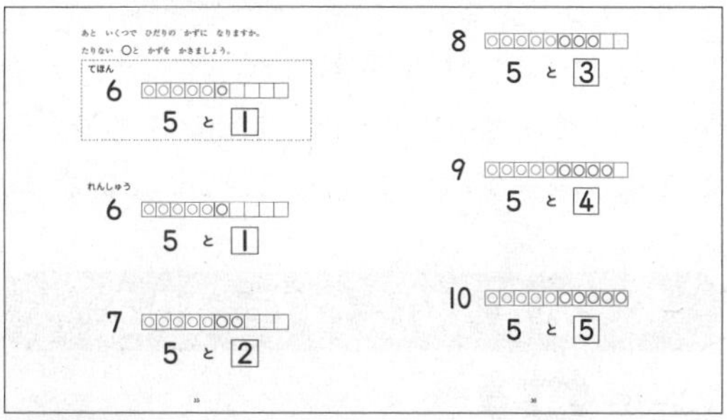

解説

- 5といくつへの分解
- ひき算の準備

一歩進み、数の分のタイルが示されていないので、「あといくつ？」と自分で考えることになります。まず、順番にふやしながら、やってみます。問題の方向とは逆に、5と1で6、5と2で7、……となることを、もう一度確認させてください。

P37 **解答**

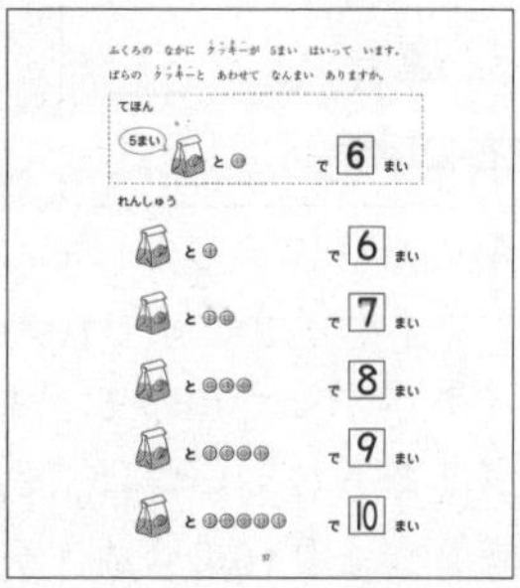

解説

- 5といくつの合成
- たし算への準備
- 個数のイメージ

さらに進んで、5個分の物が隠れて見えず、「5まい」と数字だけになっています。袋が1個とクッキー1枚で、目に見えるものは2

個なのに、6枚ということがわかるためには、5という数字の意味を理解し、袋の中にクッキーが5枚入っているのだということを**イメージする**必要があります。このような理解は、言葉を操る人間だけができるすばらしいことです。わかりやすいように、少ないほうから順番に並べてありますので、「5枚と○枚」ということと、「1枚ずつふえる」ということの、2つを手がかりに、やってみましょう。

補充

おはじきを5個、手の中に隠し、あと2個や、あと3個などと見せ、「全部でいくつ？」とか、「みんなでいくつ？」と聞いて、答えさせる練習をしてください。バラバラに聞いても答えられるようになったら、かなり力がついています。

8　あと　いくつで　10？

P38-39 解答

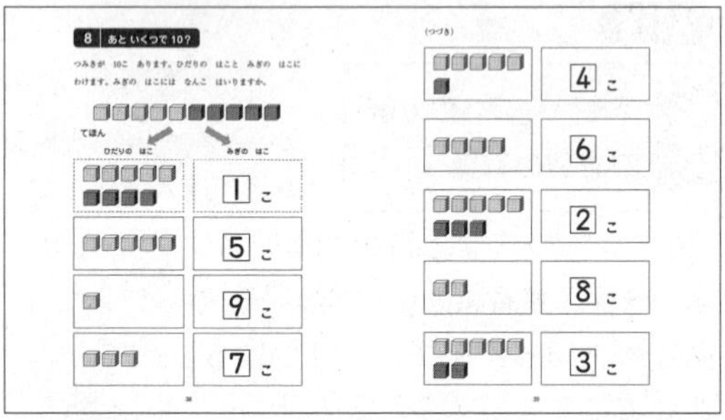

解説

10の分解　くり上がり・くり下がりへの準備
左右の理解

数を10のまとまりとしてとらえることは、位取りの理解のために、どうしても必要なことです。そして、「くり上がりで10のまとまりをつくる」、「くり下がりで10のまとまりから数をひく」という手続きにおいては、あといくつで10ということ、つまり**10の合成・分解**は、ひじょうに重要な意味を持ってきます。この理解なくして、2けた以上の計算はできません。ここで、しっかり学んでおきたいと思います。

このように、くり上がり、くり下がりが出てきてからではなく、あらかじめ見通しのもと、その前段階で、必要なスキルを身につけていくことが、上手に力を育てるコツだと思います。

まずは、上にかいてある10個の積み木を手がかりに、「左にはこれだけだから、右にはこれだけ」と、自分で考えられるようにしましょう。少しとまどうようでしたら、10個のうち、左のはこに入れる分と、右のはこに入れる分を、つまようじなどで区切ってみる、または線を引いて分けてみるように、アドバイスしてください。左右がまだよくわからない子には、「こっちが左よ」と教えてあげてください。

補充

実際に、同じ大きさ、同じ形の積み木やタイルを10個用意し、左と右に分けて何個と何個になるか、何度もやってみてください。最初は、1個と9個、2個と8個、3個と7個、……と順番に、それからバラバラにしてもやってみてください。そして片方を隠して、「こっちは何個？」と当てっこをすると、力がつきます。

ここでは、おはじきのようなものより、積み木やタイルのように5個ずつ2段に並べられるもののほうが、10個のまとまりをとらえやすく、わかりやすいです。

P40 解答

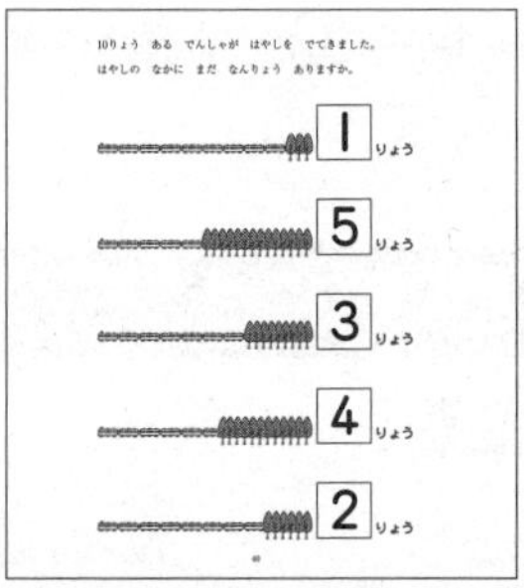

解説

10の合成　くり上がり・くり下がりへの準備

ここでは、「全体の10両」が見えません。それだけ、むずかしくなります。

紙やホワイトボードに、p.30のような、10個表示のマスを書いて、出ていてわかる分だけ○を書いてみる、またはp.31のように、2色のタイルを並べて、足りないところからいくつと考えるなどすると、しだいにわかってくると思います。考え方がわかったら、1と9、2と8、3と7、

4と6、5と5と、これだけは、覚えるまでやる必要があります。つまずく場合は、p.38、39までもどって、もう少し練習してください。

補 充

指の算数運動

指を使う方法も覚えておくと、道具のないところでもできるので便利です。両方の手のひらを上に向け、わかるほうの数の分だけ指を折る。残りの開いている指の数が「あといくつで10?」の数になります。

9 なんばんめの かず

P41 解答

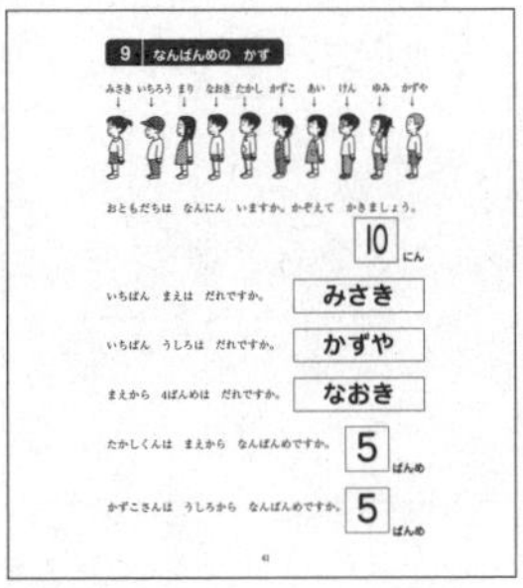

解説

前後　順序
問題の読み取り
目と手の共同作業

数の大きさではなく、順序を表す数を学びます。「いちばんまえ・うしろ」「まえ・うしろからなんばんめ」という、言葉の表現に慣れ、カウントする数と指先がしっかり合うようにする必要があります。ずれやすい子の場合は、あわてずゆっくり数えられるよう、最初は手を添えるなどしながら、いっしょに数えてください。

問題も少し文字が多くなります。言葉で答える問題もあります。「だれですか」の問いには、名まえを答えることでも、初めてならとまどって当然です。そういうときは、「だれさんか、お名まえ書くのよ」と教えてください。

補 充

スペースの感覚

解答欄にバランスよく文字をおさめることが苦手な子がいます。「はまらなくなった」「はみだした」という経験から、今度は上手におさめられるようにとアドバイスしてください。p.25の**補 充**も参考にしてください。

P42 解答

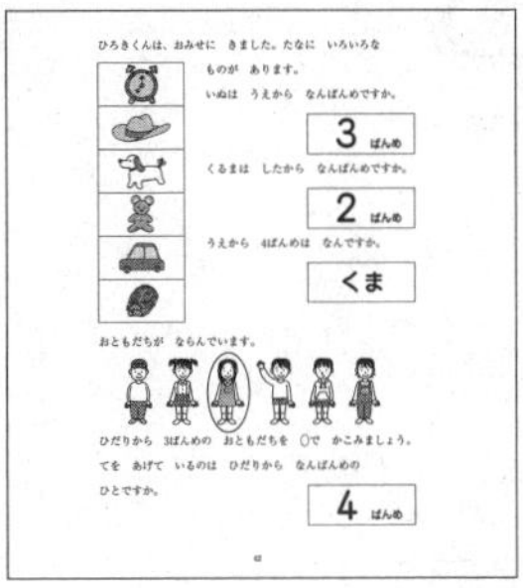

解説

上下　左
順序

「うえから、したから」と「ひだりから」の順番です。問いの内容もさまざまです。しっかり読んで取り組みましょう。左右については、まだ混乱する子も少なくありません。数が小→大と進む方向である「ひだりから」だけをあげています。

P43 解答

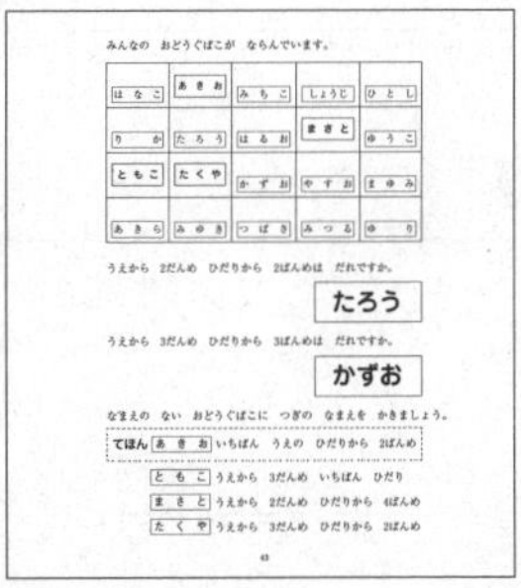

解説

二次元空間
順序　記憶

縦と横の二次元空間です。なじみのある、お道具箱でやってみます。「うえから」と「ひだりから」と、条件が2つになります。1つ目の条件を頭に留め置き、2つ目の条件を見つけないといけません。混乱するようなら、1つ目の条件を、「このだんで」と手でなぞる、または一度手を置くなどして、しっかり意識づけるようにするといいと思います。

なかなかむずかしい子も多いと思いますが、その原因はさまざまです。その場合はむりせず、

p41、42をしっかりやるようお勧めします。

10　10えんまでの　おかね

P44-45 解答

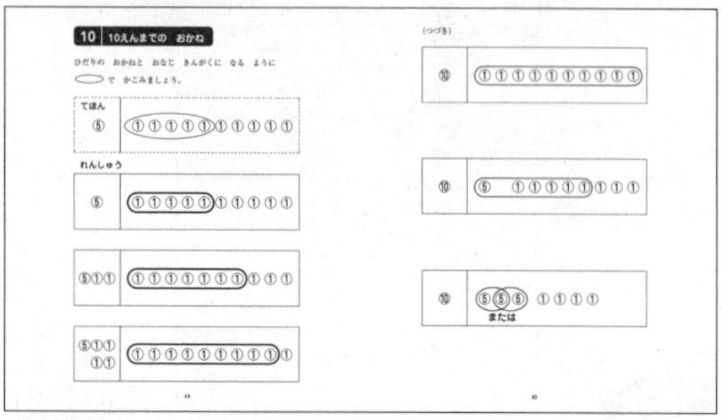

解説

金額　両替

お金の計算は、大きな目標のひとつです。いろいろな種類のお金を使いこなせるように、まずは、両替から始めます。ぜひ実際のお金でも、くり返し練習してください。

「きんがく」という言葉がわからないときは、「おかねがたかい、やすいということ」あるいは「なんえんということ」などと、わかりやすく教えてください。

P46 解答

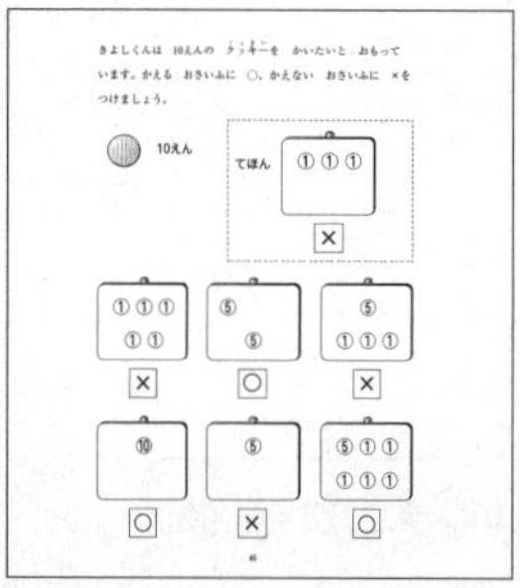

解説

金額　数の大小　位取りへの準備

「たりる・たりない」という、数の大小の判断が必要になります。このくらいの金額で、しっかりお金の金額になじんでおくと、この先、大きい数をあつかうときに力になります。20個くらいまでは、実物でその個数を見て実感することができますが、数十個、百個となると、実物を見て数えて実感することはできなくなります。そんなとき、数量の大きさや変化を理解するうえで、お金は強力なツール（道具）になります。同時に、算数の力は、なによりもお金の計算に役立ってほしいと思います。

「金額の大小は、硬貨の個数によるものではない」ということ、1円が10個で10円ということの理解は、**位取りの理解**、もう少し学問的にいえば、**十進法による数の成り立ちの理解**に通じるものです。そして、単位の換算の理解にもつながります。これができるということは、とてもすばらしいことだと思います。

P47 解答

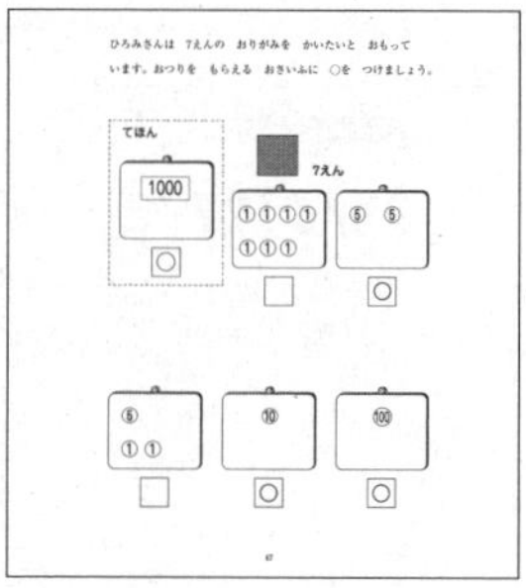

解説

こんどは、「あまる・あまらない」という大小の判断です。大きいお金にも、気持ち的になじむよう、あえて1000円、100円のお金もあげました。「千円」「百円」というよび方と、10円よりずっと高いお金なのだということを、この機会に教えておいてください。1000円と100円は、「おつりがもらえる」ということが、なんとなくわかればそれでいいです。

補充

家にあるおもちゃやお道具で、本物のお金を使って、お店屋さんごっこのようなことをすると、お金の感覚が身につきやすいと思います。

お金の計算ができることは大きな目標のひとつですが、それができるようになるには、その子の時期があります。教えてもなかなかわからないときには、むりせず、少し大きいお金を使っておつりをもらう方法を教えてください。それでとりあえずは、お買いものをしたり乗りものに乗ることができるのですから。

11　1より　ちいさい　かず

P48 解答

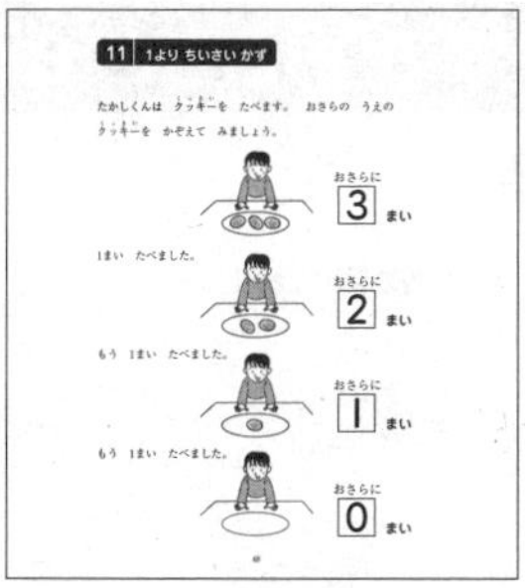

解説

0の理解
位取りへの準備

ここで初めて0という数を扱います。子どもは数を数えるとき、1、2、3と、1から数えることを覚えます。順番の最初は1であり、いちばん小さい数も1だと思っています。**0の意味を理解すること**は、1を理解するよりむずかしいことなのです。しかし、0の意味がわからずに、たとえば2030といった大きい数を理解することはできません。2030は、千が2個、**百が0個**、十が3個、**一が0個**の数だからです。0は、これから学ぶ位取りの足場であることを踏まえて、取り組みたいと思います。

まず、3から1ずつ少ない数をもとめていき、「1より1少ない数」として0の意味をとらえたいと思います。数字を書くときは、かならず上から反時計回りに書かせてください。また、6と見分けがつかないことのないように、始点と終点をしっかり合わさせてください。

P49 解答

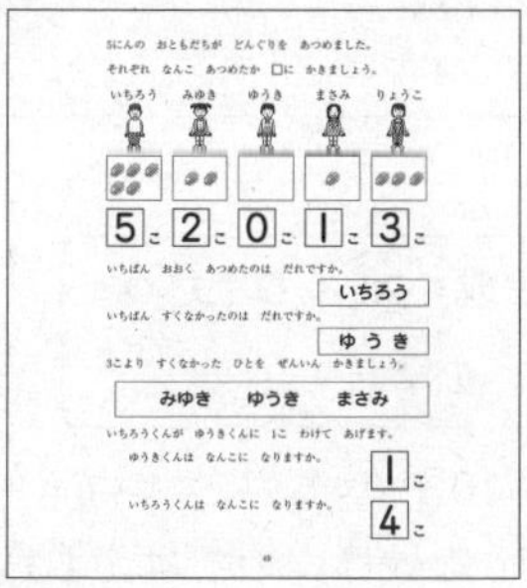

解説

こんどは数がバラバラに出てきます。問題文も多いので、ゆっくりやりましょう。

いちばん少なかった人が、「1個のまさみさん」ではなく、「0個のゆうきくん」だとわかったら大進歩です。そこで、「3個より少なかった人」の仲間に忘れずに入れられたらりっぱです。「3個より少なかった人」には、3個の人は入らないことも確認してください。

0の理解
位取りへの準備
問題の読み取り

「ゆうきくんはなんこに」で、p.48とは逆に、0より1大きい数が1であることを学びます。大人にはあたりまえのことでも、しっかりおさえることが大切です。「いちろうくんはなんこに」の問題とともに、計算を始める前に、このような形で、数の変化になじんでおきたいと思います。

P50 解答

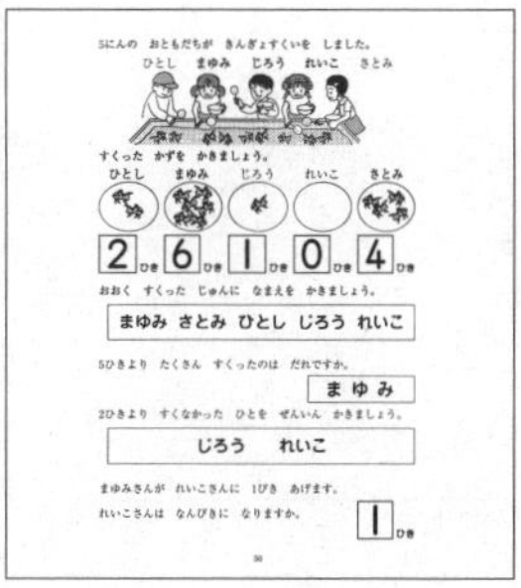

解説

0のまとめです。できない場合は、p.48までもどって、復習してください。

12　かずの　つながり　0から10

P51 解答

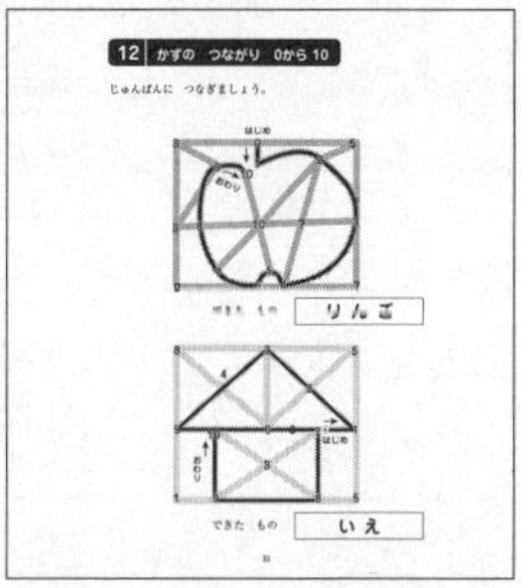

解説

0からの順序
目と手の共同作業
形の認識

0から10までを、順番として学びます。このことには、2つの大切な意味があります。1つは、ものさしを始めとする「めもり」

を読む基礎となることです。めもりは1ではなく、0から読むものだからです。２つめには、負（マイナス）の数の理解に向けてです。この先、小さい数を左、大きい数を右とする直線上で数をとらえていくことになりますが、0は正と負の真ん中に位置する基準点です。連続する数を、この段階では、0を始点として連なり大きくなっていくものとしてとらえる感覚を、養いたいと思います。

目と手の共同作業の練習にもなります。「つぎはここ」と心づもりして結んでいくようにしてください。

P52 解答

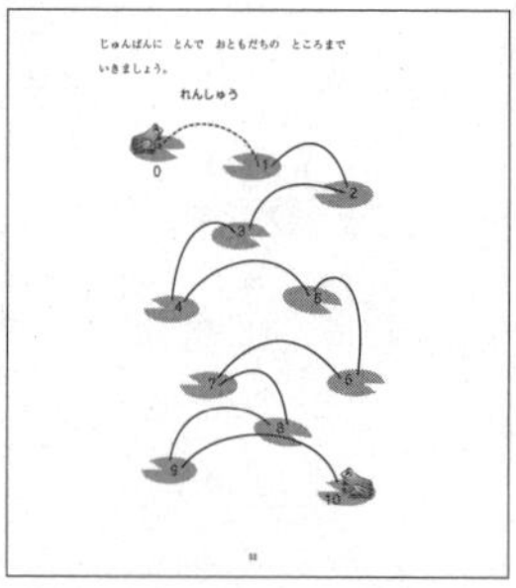

解説

0からの順序
目と手の共同作業
手先の機能

こんどは、曲線で結ぶ練習です。文字を書くことに向け、鉛筆の操作に慣れるねらいもあります。

P53 解答

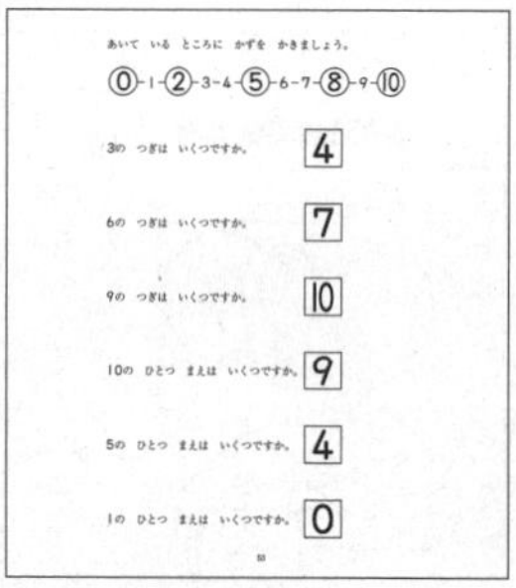

解説

数直線

文字通り、数直線が出てきました。算数の学習においては、さまざまな場面で数直線を扱います。これは、数量の理解にとても大切なことです。また、「たし算・ひき算・かけ算・わり算」という計算の原理を理解するために、利用していくことにもなります。特にしっかり取り組んでほしいところです。

13 かずの おおきさ 0から10

P54 解答

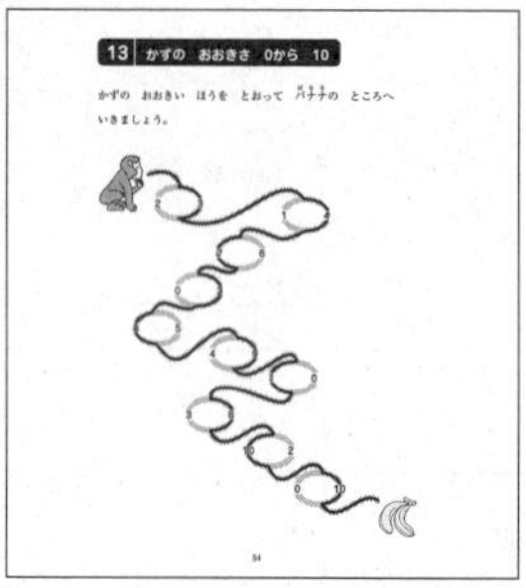

解説

数字の大小
目と手の共同作業
手先の機能

実物もタイルもなく、数字だけでバラバラに0から10までの数の大きさを比べることになります。とまどうときは、左から右へと0から10までの数を書かせ、左へいくほど小さく、右へいくほど大きいことに気づかせてください。「数直線を使って解く」ことの練習になります。

P55-56 解答

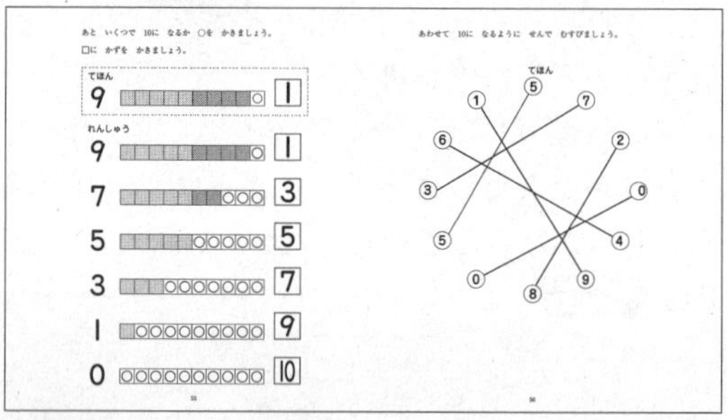

解説

10の合成　くり上がり・くり下がりへの準備

p.38 **あといくつで10**の復習と発展で、0から10までの数についてやってみます。定着が不十分な数については、おはじきやタイルでくり返し練習してください。くり上がり、くり下がりで何度も使うのですから。10の合成・分解は、**よくわかったうえで**、九九と同様に記憶しておくべきことと思います。

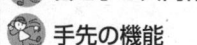

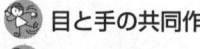

14 たしざんの れんしゅう

P57-58 **解答**

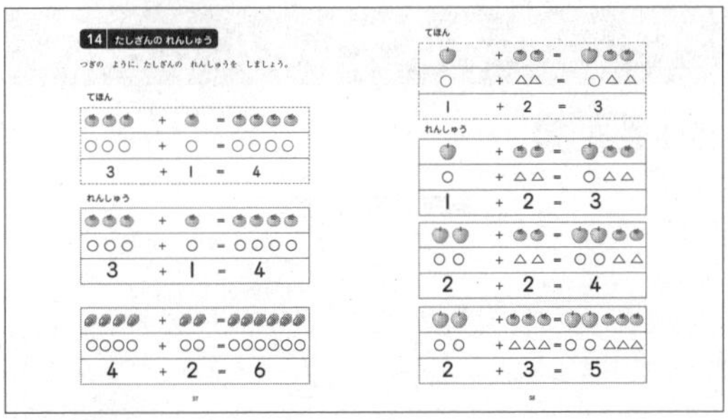

解説

たし算の意味

いよいよ計算が始まります。しかし、○＋△＝□、○－△＝□というスタイルになる前に、すでに実質的にはたし算、ひき算という操作をしてきているのです。これまで培った力に自信をもって取り組みましょう。

まずは、「実物でたす→記号（○や△）でたす→数字でたす」の順で、たし算の意味をしっかり理解しましょう。

P59-60 **解答**

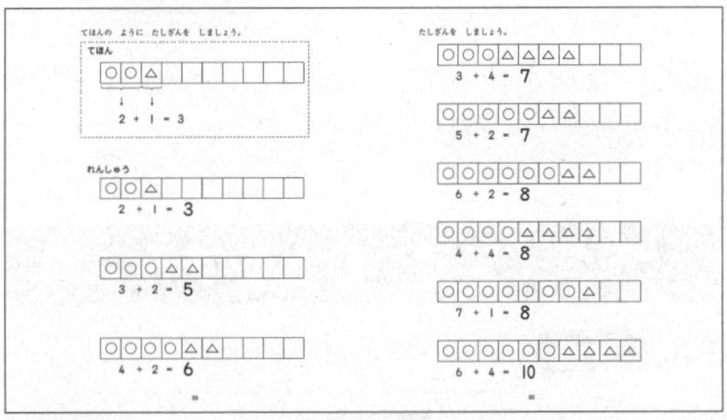

解説

つぎは実物なしで、たされる数分《ぶん》の○、たす数分《ぶん》の△を見てやります。数式の意味を、目で確認しながら解いてみます。

P61 **解答**

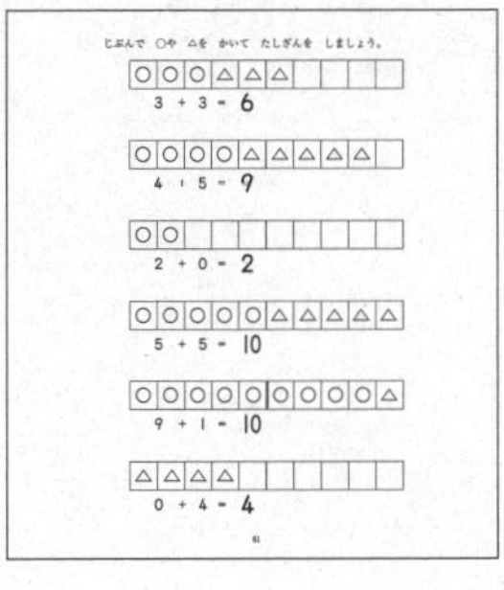

解説

たし算
数のイメージ

こんどは、数がふえるようすを自分でイメージする必要があります。ゆっくり、しっかりやりましょう。

P62

解説

計算は、反復練習が必要です。このページをコピーして、p.61のように、何度も問題を書いてあげてください。慣れたら、○や△を書かずにやってみましょう。１けたの数どうしをたしていくつということは、**よくわかったうえで、**九九と同様、いずれ覚えるべきことです。しっくりわかるまでは何度でも、○や△を書いたり、指を使っていいと思います。

15 ひきざんの れんしゅう

P63-64 **解答**

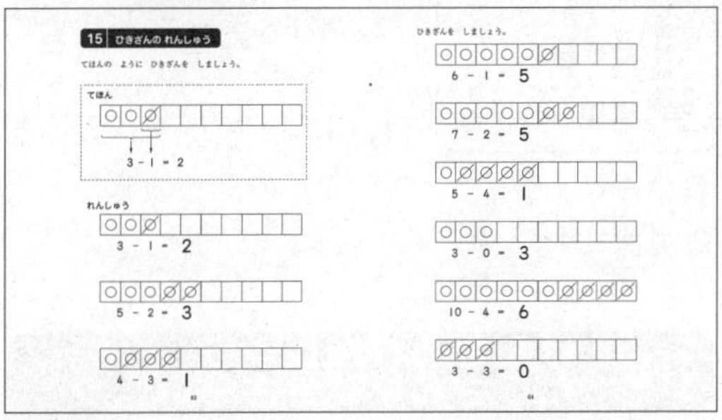

解説

ひき算の意味
求残の理解

ひき算は、「てほん」のような手順で、数が減る数式の意味を目で見て理解しながら始めます。求《きゅう》残《ざん》（残りはいくつ？）の計算への準備になります。

P65 **解答**

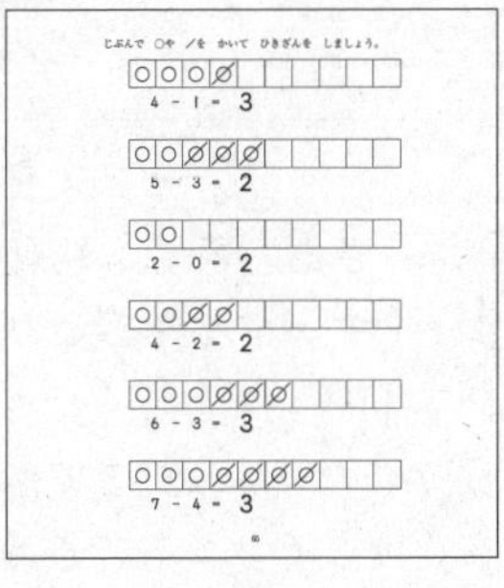

解説

ひき算
数のイメージ

こんどは、数が減るようすを自分でイメージする必要があります。

P66

解説

コピー用のページです。

P67 解答

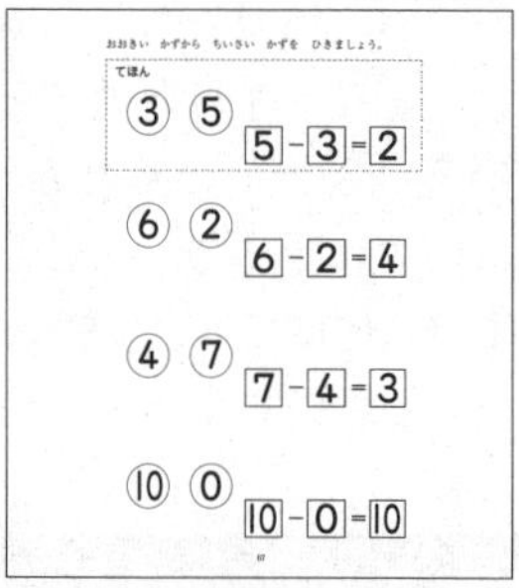
おおきい　かずから　ちいさい　かずを　ひきましょう。

てほん

③ ⑤　5 − 3 = 2

⑥ ②　6 − 2 = 4

④ ⑦　7 − 4 = 3

⑩ ⓪　10 − 0 = 10

67

解説

数の大小
ひき算
求差への準備

大小の判断とひき算と、2つのステップが必要になります。求《きゅう》差《さ》（「ちがいはいくつ？」、「いくつおおい・いくつすくない？」）の計算の基礎となる訓練です。

16　けいさんれんしゅう　たしざん　ひきざん

P68 解答

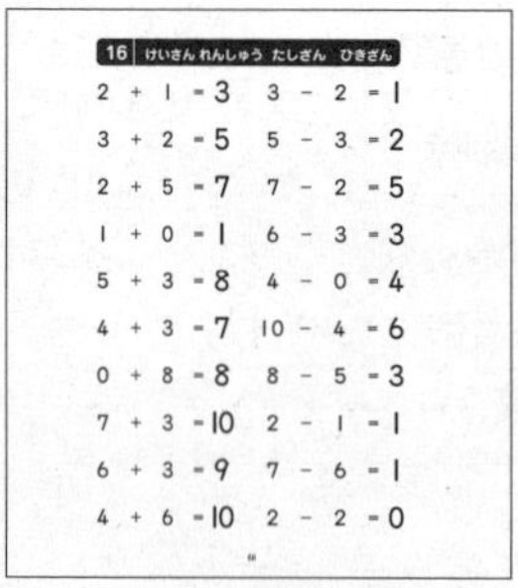
16　けいさん れんしゅう たしざん　ひきざん

2 + 1 = 3　　3 − 2 = 1
3 + 2 = 5　　5 − 3 = 2
2 + 5 = 7　　7 − 2 = 5
1 + 0 = 1　　6 − 3 = 3
5 + 3 = 8　　4 − 0 = 4
4 + 3 = 7　　10 − 4 = 6
0 + 8 = 8　　8 − 5 = 3
7 + 3 = 10　　2 − 1 = 1
6 + 3 = 9　　7 − 6 = 1
4 + 6 = 10　　2 − 2 = 0

68

解説

計算力

さあ、計算も総仕上げに入ります。早くやるよりも、間違えないように、アドバイスしてください。かなりつまずくようでしたら、p.57までもどって、復習しましょう。ゆっくりでもできるようでしたら、いろいろな数で何度もやって、確実さをつけてください。

17　□の　ある　たしざん　ひきざん

P69 解答

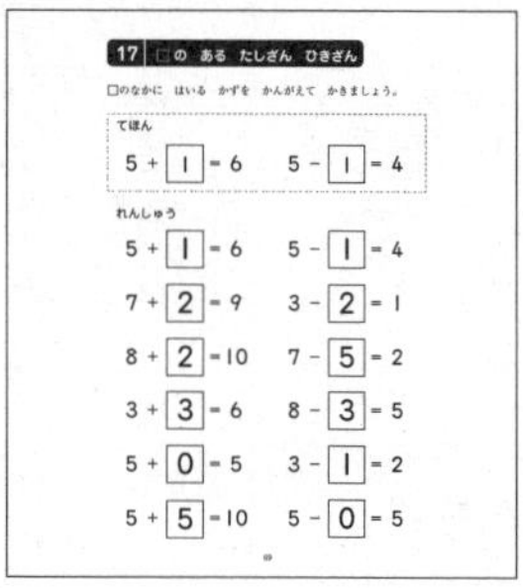
17　□の　ある　たしざん　ひきざん

□のなかに　はいる　かずを　かんがえて　かきましょう。

てほん

5 + 1 = 6　　5 − 1 = 4

れんしゅう

5 + 1 = 6　　5 − 1 = 4
7 + 2 = 9　　3 − 2 = 1
8 + 2 = 10　　7 − 5 = 2
3 + 3 = 6　　8 − 3 = 5
5 + 0 = 5　　3 − 1 = 2
5 + 5 = 10　　5 − 0 = 5

69

解説

数の合成と分解

発展的な内容になりますので、わからないときは、むりにやる必要はありません。大人は方程式を学んでいますので、たとえば「てほん」のたし算の場合、6－5＝1とやってしまいますが、自分で気がつかない限り、子どもにはこの方法は教えないほうがいいと思います。□の中に「このくらいかな？」と思う数を入れてみる、あるいは指を使って、ちょうどになる数を探し出す方法でいいと思います。

クイズで　ひとやすみ

P70 解答

クイズ《くいず》で　ひとやすみ

けいさんを　して　こたえと　おなじ　かずの　ところに　もじを　かきましょう。

4 + 3 = 7 ― す
5 − 3 = 2 ― っ
5 + 3 = 8 ― う
1 + 0 = 1 ― ゆ
4 − 1 = 3 ― く
3 + 2 = 5 ― さ
1 + 3 = 4 ― り
8 − 2 = 6 ― ん

1	2	3	4	5	6	7	8
ゆ	っ	く	り	さ	ん	す	う

70

10までの かず えで とく ぶんしょうだい

P71－72

解説

絵でわかる　読み取り　イメージ　○個　たし算（合併）の立式

計算力を生活の中で役立たせるためには、文章題による応用練習が大切です。しかし、計算式による計算はいくらでもできるのに、文章題になるとつまずく子どもがいます。理由はさまざまですが、読み取る国語力が足りないために、問題の意味がわからない場合が少なくありません。このことは、たとえばご家族が、外国語で書かれた小学生の文章題を解く場合を想像してみると、ご理解いただけると思います。

そこで、まずはできるだけ言葉を少なくした「**えの　もんだい**」で、絵からメッセージを受け取る方法で、計算を実物に対して使う練習を始めます。それから「**よむ　もんだい**」で、先に見た絵を思い出すことにより、意味の理解を補い、内容をイメージし、何がいくつという条件を○を書いて整理しながら、式を立てる訓練をします。「読み取り→式を立てる」ということを中心にする分、計算の部分はわかりやすいように、簡単な数から始めます。くり上がり、くり下がりのない1けたの簡単な計算で、十分に文章題になじんでおくことが、今後しだいにむずかしくなる応用問題を解く基礎力となるはずです。

たし算には、基本形として「あわせていくつ？」（合併）の形と、「ふえるといくつ？」（増加）の形があります。

まずはじめに、「あわせていくつ？」の練習をします。問題のメッセージを受け取り、たし算かひき算かの判断をして式を立てる。そして問題に合うように、「何こ」と答えるスタイルを学びましょう。「てほん」のページで、「こうやってやるのよ」と、よく教えてあげてください。

P73-74 解答

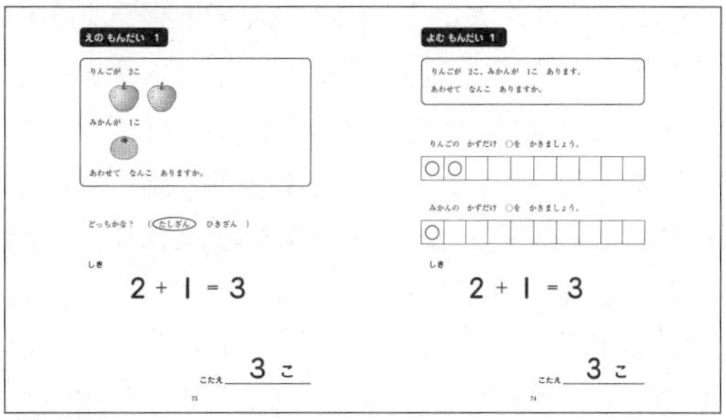

解説

さあ、いよいよ自分で絵を見て、続いてお話を読んで解く番です。よくわからないときは、もう一度、「てほん」のページにもどり、何度でもくり返してやってみてください。できたときは、ただ「2＋1＝3」の計算ができたということより、ずっとたくさんの知恵を使えたということであり、何倍もすばらしいことです。その価値をご理解のうえ、ほめてあげてください。

P75-76 解答

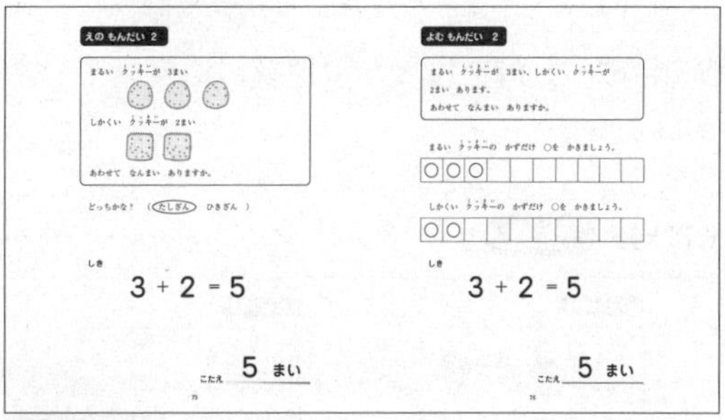

解説

形　カタカナ　5の合成　指の算数運動　○枚

こんどは、同じクッキーですが、形がちがうものの数を合わせます。クッキーの数だけではなく、形のちがいとよび方をしっかり覚えましょう。厳密にいうと、角の丸い形は四角形とはいえません。この段階では、そこまでこだわることなく、「まる」と「しかく」を見分けられればいいと思います。

さらにカタカナが出てきました。漢字学習が始まる前に習得できるよう、少しずつなじんでいきたいと思います。まずは形が単純で覚えやすいものから、なじみのある言葉の中で、読めるようにしていきたいと思います。

「よむ　もんだい」のページでは、○をかいて与えられた数を確認するとともに、ぜひ指を使っても数えさせてください。親指から3本折り、あと2本折るとグーの形になって5となることを、しっかりわかるまで目で確認させてください。それから、指を使わず「3と2でいくつ？」と聞いて、答えられるようにしてください。**いくつといくつで5**ということは、何度もやって納得してから、九九と同様、いずれ覚えるべきことと思います。

補充

いくつといくつで5ということ（5の合成・分解）を、しっかり理解し、確認できるよう、指の使い方を覚えておきましょう。片方の手を、手のひらを上にして開いておく。何本か指を折ると、開いているほうの指の数が「あといくつで5」の数になります（例：親指、人差し指、中指の3本を折ると、開いている薬指と小指の2本が「あといくつで5」の数になります）。このやり方で、1と4、2と3、3と2、4と1という5の合成・分解をしっかり理解し、覚えていきましょう。

P77-78 解答

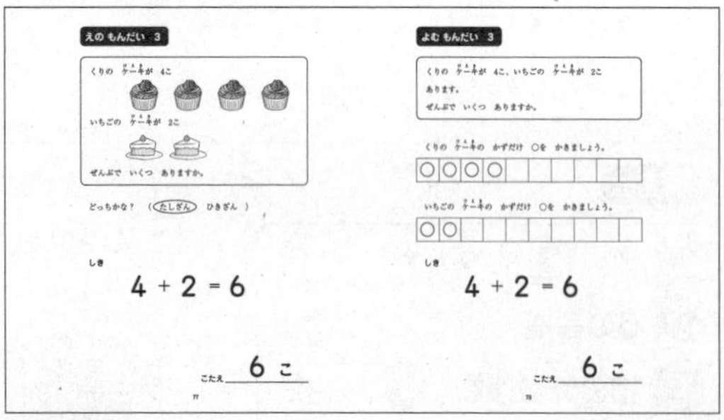
えの もんだい 3

くりの ケーキが 4こ

いちごの ケーキが 2こ

ぜんぶで いくつ ありますか。

どっちかな？（たしざん　ひきざん）

しき　4＋2＝6

こたえ　6 こ

よむ もんだい 3

くりの ケーキが 4こ、いちごの ケーキが 2こ あります。

ぜんぶで いくつ ありますか。

くりの ケーキの かずだけ ○を かきましょう。

いちごの ケーキの かずだけ ○を かきましょう。

しき　4＋2＝6

こたえ　6 こ

解説

カタカナ
指の算数運動

ここでは「ぜんぶでいくつ」という表現になっています。基本的には「あわせていくつ？」型のたし算ですが、「数をあわせるんだからたし算」ということを、自分で気がつけるようにしたいと思います。大好きなケーキで、カタカナも覚えていきましょう。

数をたすと5より大きい数になります。指を使う方法もいろいろありますが、この場合、親指から順に薬指まで4本折り、たす数の2個分は、小指を1と折って2と開く。そして小指だけが開いている形を6と読む方法が、指も動かしやすく、数え間違いが少ないと思います。それぞれの子どものわかりやすい方法でいいと思います。

P79-80 解答

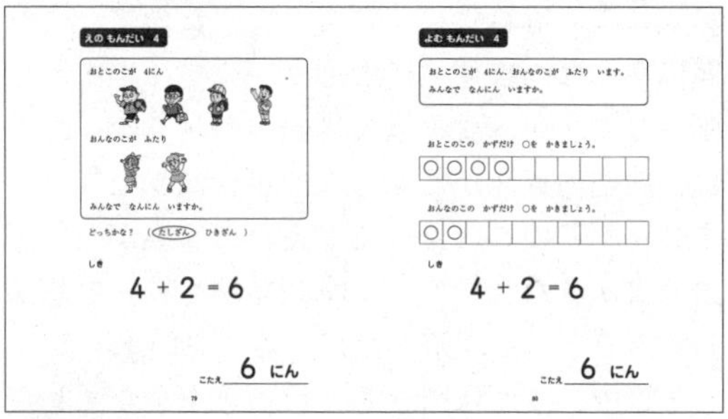
えの もんだい 4

おとこのこが 4にん

おんなのこが ふたり

みんなで なんにん いますか。

どっちかな？（たしざん　ひきざん）

しき　4＋2＝6

こたえ　6 にん

よむ もんだい 4

おとこのこが 4にん、おんなのこが ふたり います。

みんなで なんにん いますか。

おとこのこの かずだけ ○を かきましょう。

おんなのこの かずだけ ○を かきましょう。

しき　4＋2＝6

こたえ　6 にん

解説

数字のない数
○人

つぎは、「みんなで　なんにん」という表現になっています。これも、「あわせていくつ？」型のたし算です。ただ、ここでは、「ふたり」のほうに数字がないのです。大人にはなんでもないことですが、それだけでつまずく子もいます。**「よむ　もんだい」**のページでは、**「えの　もんだい」**のページを思い出し、「4人と2人」というように数字に結びつけられるといいと思います。少しとまどうようでしたら、「ひとり＝1人」「ふたり＝2人」とすぐわかるように、お人形や絵で教えてください。

P81-82

解説

ひき算（求残）の立式

ひき算が出てきました。ひき算には、基本形として「のこりはいくつ？」（求残）の形と、「ちがいはいくつ？」（求差）の形と、「もういくつ？」（求《きゅう》補《ほ》）の形があります。まず、「のこりはいくつ？」から始めます。

わかりやすいように、食べてなくなる分（減る分）を、右から／をつけてとらえます。右からとするのは、残りを左から数えやすいからです。特にこだわる必要はありませんが、いつも決まったやり方で解いていくほうがわかりやすく、混乱しないですみます。目で見て、「減るんだからひき算」と納得できるといいと思います。

「よむ　もんだい」では、実物の数を○や／に置き換え、さらに、数字に表現できるようにします。○や／の記号は、数の分《ぶん》だけ表せて、どんなものにも使えるという意味で、実物と数字の中間的な意味を持ちます。理解を助けるツール（道具）として、上手に使えるようにしたいと思います。

P83-84 解答

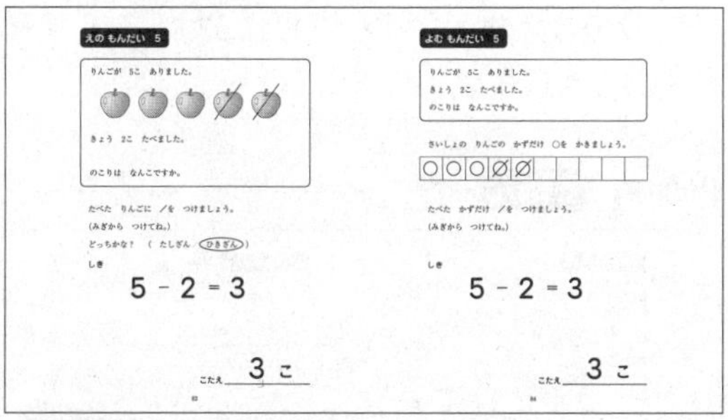

解説

初めてのひき算、「てほん」をまねしてやってみましょう。つまずくときは、どこでつまずくかをよく見てあげ、そこを重点的に、何度でも「てほん」のページにもどって教えてください。「のこりはなんこ？」はひき算ということがしっくりわかるように、また、答えに「3こ」と「こ」をつけるように教えてください。

P85-86 解答

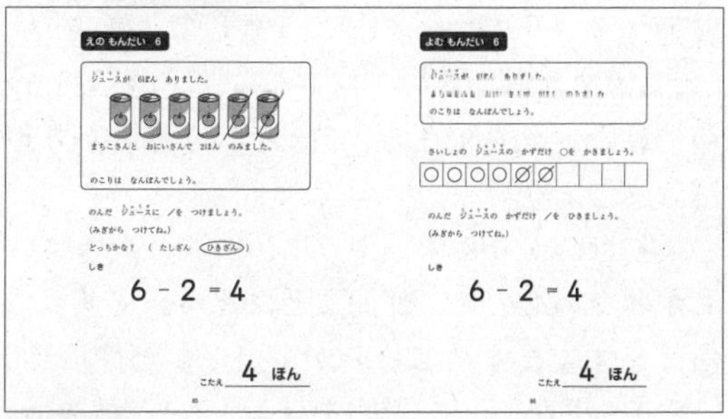

解説

これも「のこりはいくつ？」のひき算です。しかし、「まちこさんとおにいさんで2ほんのみました」というのが、ただ（1人で）「2ほんのみました」より、わかりにくいことがあります。そのときは、ジュースの絵に、「まちこさん」「おにいさん」と書いてあげてください。1本ずつのんだから2本減るということが、わかりやすいと思います。つまり、この問題には、じつは小さなたし算が含まれているのです。

> **すこし複雑な条件**
> **—2人で2本**
> **○本**

「よむ　もんだい」では、2本分まとめて／を引くより、「まちこさん」「おにいさん」と1人分ずつ引くほうがしっくりわかりやすい子も多いと思います。それで十分です。それを式で6−2＝4とできたら、すばらしいことではありませんか。さらに、答えは「4ほん」であることにも、注意させてください。

補充

日本語では、○こ、○ほんなど、数えるものによって数え方がちがいます。この機会に、「1ぽん、2ほん、3ぼん、…」という数え方を覚えましょう。

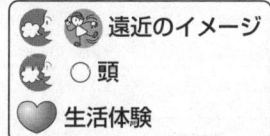

P87-88 解答

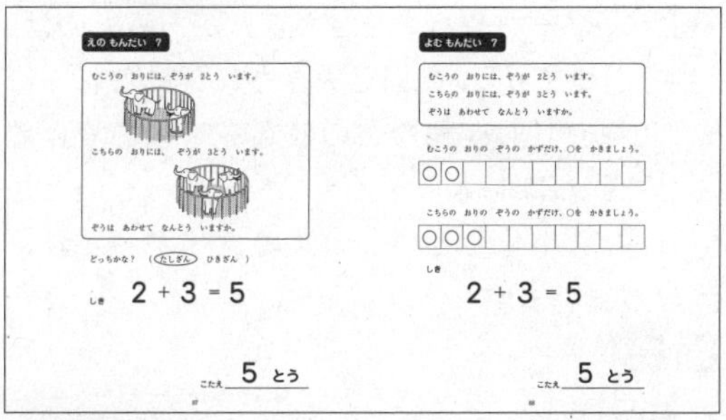

解説

> **遠近のイメージ**
> **○頭**
> **生活体験**

「あわせていくつ？」のたし算です。しかし、「むこう」「こちら」「おりに、ぞう」と、かなりスケールの大きい空間をイメージする必要があります。一見なんでもないことのようですが、言葉から情景をイメージするということは、人間だけができることであり、類似の生活体験によって助けられるものではないでしょうか。いい換えれば、読み取りの力を育てるには、生活体験もまた必要だと思います。ご家族には、そんなことも心にとめ、お子さんにさまざまな生活体験を積ませていただきたいと思います。

補充

うまやうしなど、大きい動物の「1とう、2とう、3とう、…」という数え方を覚えておきましょう。

P89-90 解答

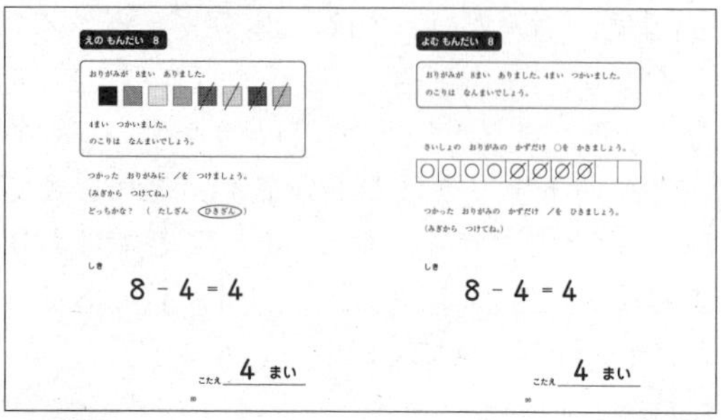

解説

半分
○枚

「のこりはいくつ？」のひき算ですが、8－4＝　の計算は、子どもには結構むずかしいのです。かけ算、わり算を学んでいないので、「半分」と直感することができないからです。この機会に、ケーキやパンなど大きさがあるものは、「半分」つまり2つの同じ大きさに分けられること、2個や4個、6個などの数も、半分にできることを、おはじきやタイルで教えてほしいと思います。「半分」という言葉の意味がわかれば十分と思います。

補充

紙は1まい、2まい、…と数えること、本やノートは薄くても1さつ、2さつ、…と数えることも、覚えておきたいことです。

P91-92 解答

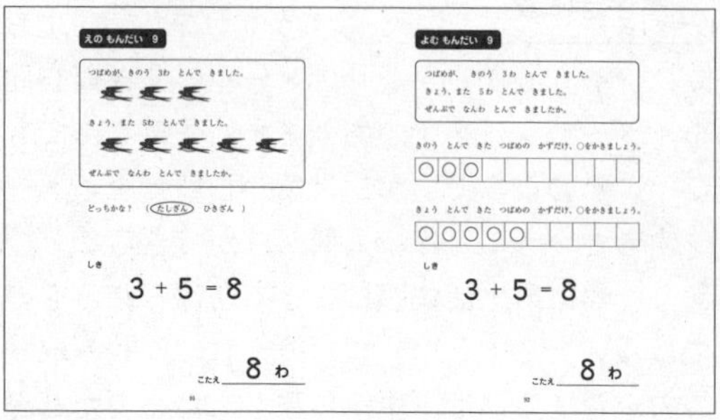

解説

たし算（増加）の立式
イメージ　○わ

「ふえるといくつ？」のたし算が出てきました。「きのう」「きょう」という言葉から、「あとからふえる」という感覚を、しっかりとらえたいと思います。「いくつある」ということではなく、「とんできました」という表現から、つばめの動きを想像し、ふえる感覚をイメージできるといいですね。そして「ぜんぶでなんわ」というキーワードをヒントに、たし算とわかるといいと思います。

補充

とりの数え方、「1わ、2わ、3わ、…」を覚えておきましょう。

P93-94 てほん

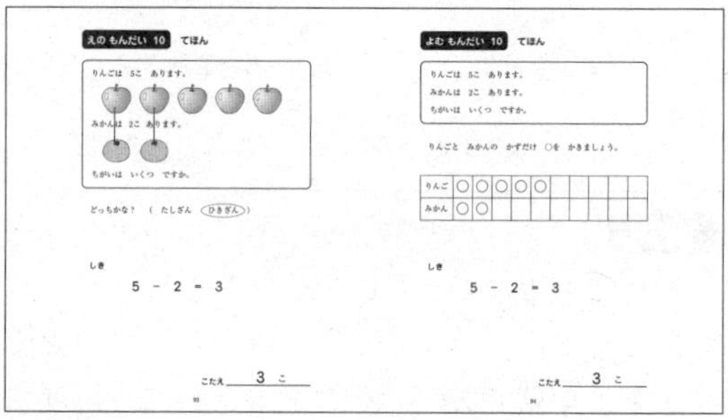

解説

仲間分け
ひき算（求差）の立式

「ちがいはいくつ？」のひき算の登場です。このタイプの問題は、子どもにとっては「のこりはいくつ？」のひき算より、理解がむずかしいのが普通です。「のこりはいくつ？」型のように、「はじめにあったものがなくなって、数が減る」のではないからです。**「てほん」**でしっかり理解しましょう。

最初はわかりやすいように、あまり大きさのちがわないものを、仲間ごとにそろえて並べてあげます。まず「どっちが多い？」と聞いて、「多い・少ない」の理解を確認してください。それから、りんごとみかんを1個ずつ線で結んでみてください。みかんと線でペアにできなかったりんごの数が、「ちがいの数」になります。**「よむ　もんだい」**では、表に仲間ごとに○をそろえて書くことで、数のちがいを確認します。そして、「**えの　もんだい**」の絵とともに「ひき算で出す」という理解につなげていきたいと思います。

「**てほん**」のもんだいでは、実物もそろえて並べてあるのでわかりやすさは同じようなものですが、大きさや並び方、散らばり方がちがうものも、このように○をそろえてかくことで、数のちがいを目でとらえやすくなります。

P95-96 **解答**

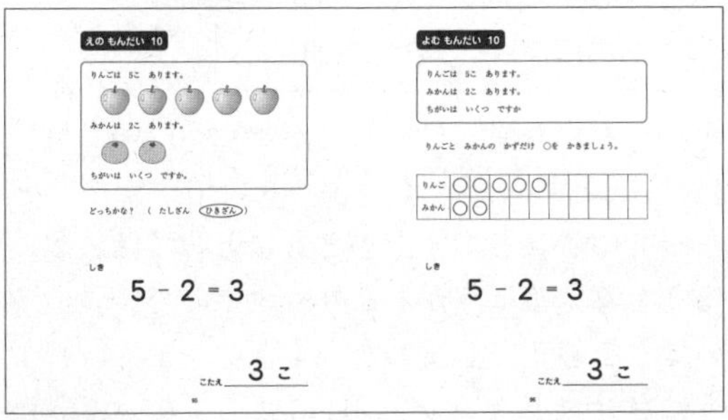

解説

「**てほん**」を思い出しながら、ゆっくり手順を踏んでやりましょう。「**えの　もんだい**」でも、線で結んで同じ数の分《ぶん》のペアをつくるメソード（方法）を覚えておくと、大きさや並び方がちがうものの数を比べるときにもわかりやすいと思います。仲間ごとの数どうしを比べて考えられる子は、もちろんそれで結構です。「ちがいはいくつ？→ひき算」ということがわかることが目標です。

補充

①色のちがうタイルを、ご家族が同じ数ずつ並べて「数は同じ？　ちがう？　ちがうんならどっちが多い？」と聞いてみてください。

例）　■■■■■■
　　　□□□□□□

②つぎに、片方のタイルの間隔を広げて、同じ質問をしてみてください。

例）　■■■■■■
　　□　□　□　□　□　□

子どもは、

［第1段階］数が同じかちがうか、まだわからない段階（①がわからない）

［第2段階］数が同じということはわかるけれども、列の長さを変えてしまうと、長いほうが多いと考えてしまう段階（①はわかるけれども、②で間違える）

［第3段階］列の長さを変えても数は同じ（これを「**数の保存**」といいます）とわかる段階（②もわかる）

と、順に理解が進んでいきます。数のちがいを理解し、「ちがいはいくつ？」という計算処理ができるためには、仲間分けができることと、上記の「**数の保存**」の理解が必要です。そうしないと、つぎのようなときにつまずくからです。

例1）ちがいはいくつですか。

■　□　　■　□
□　■　■　■
□　　□　　■

例2）ちがいはいくつですか。

■■■■■
□　□　□　□

「**ゆっくり　さんすう**」では、上記の3つの段階がまだしっかり理解できない子どもにも、「5こ」や「2こ」と数字で与えられた条件から「ちがいはいくつ？」という意味を理解し、ひき算式を導くことができるように、ステップを踏んでいきます。「**えの　もんだい**」で、線で結んでペアをつくったり、「**よむ　もんだい**」で、仲間ごとに**長さをそろえて**数だけ○をかいたりするのは、そのためでもあります。そして、このような手順になじむことで、逆に、大きさや長さ、並び方や散らばり方によらず、5個は5個であり、2個は2個であるという、数量の意味理解を確実にしていきたいと思います。

（参考文献）柏木恵子・古澤頼雄・宮下孝広：『発達心理学への招待』ミネルヴァ書房、2003

P97-98 **解答**

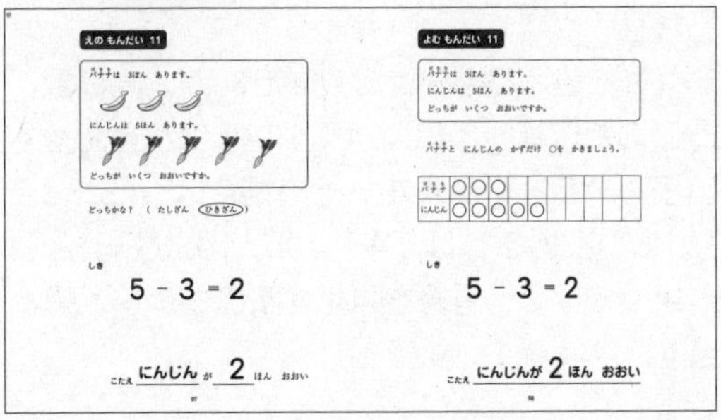

解説

ひき算（求差）の立式
数の大小
2つの問い

これも、「ちがいはいくつ？」のひき算です。やはり線で結んでペアをつくるとわかりやすいと思います。ただ**「もんだい10」**とちがうのは、あとから出てくる数のほうが多いのです。3－5とせず、「大きい数－小さい数」で5－3であることに気づく必要があります。さらに答えで、「**にんじんが2ほん**おおい」と、2つのことを答えないといけません。「**よむ　もんだい**」でもこのように答えられるかどうか、チェックしてください。

P99-100 解答

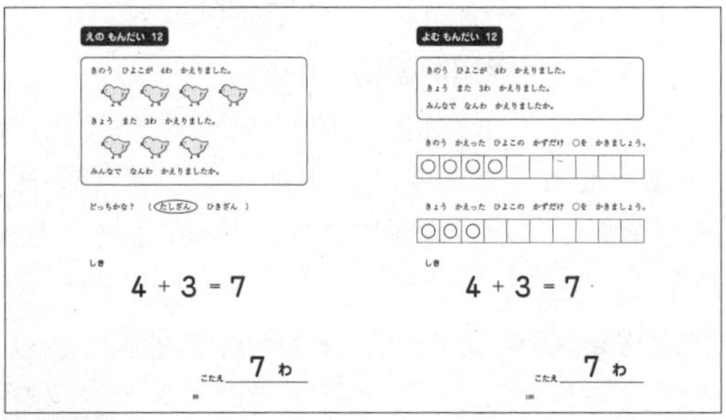

解説

たし算（増加）の立式

「ふえるといくつ？」のたし算です。4＋3＝　の計算は、子どもたちにとって少しわかりにくく、覚えにくいもののようです。もちろん大人は、数量的に理解し、経験的に何度もやって覚えているので、すぐできるわけですが、その裏には4＋4、つまり4×2＝8よりも1少ないという感覚があると思います。子どもには、まだこの九九による理解の補助回路がない分、むずかしいのだと思います。何度も練習し、納得し、覚えるべき計算と思います。

補充

九九を教える必要はありませんが、同じ数どうしのたし算、3＋3、4＋4のほうが覚えやすい子もいると思います。その場合は、「3＋3より1多い」あるいは「4＋4より1少ない」というようにして、習得を強化するのもいいと思います。

P101-102 解答

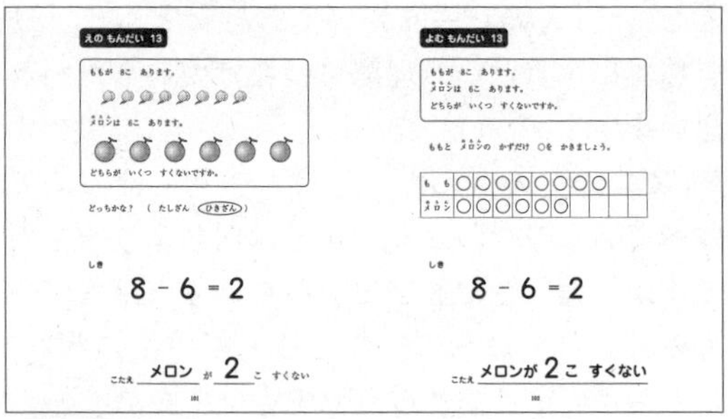

解説

ひき算（求差）
少ないほう
数の保存
2つの問い

「ちがいはいくつ？」のひき算です。ただ、むずかしいことが2つあります。1つ目は、「どちらがいくつすくないですか？」となっていることです。子どもにとっては、多いほうを答えるほうがわかりやすいので、つい多いほうを答えてしまわないように、よく読むようにさせましょう。2つ目には、少ないほうが大きく幅広くかかれていることです。小さくて幅がせまくかかれているもものほうが、少ないと勘違いすることがあるので、大きさや広がりによらず、しっかり個数で判断すること（「数の保存」の理解）を学びたいと思います。

「**よむ　もんだい**」では、「こたえ」の欄が、説明のない空欄になっています。「○○が、△こすくない」と、しっかり書けるようにしたいと思います。

P103-104 解答

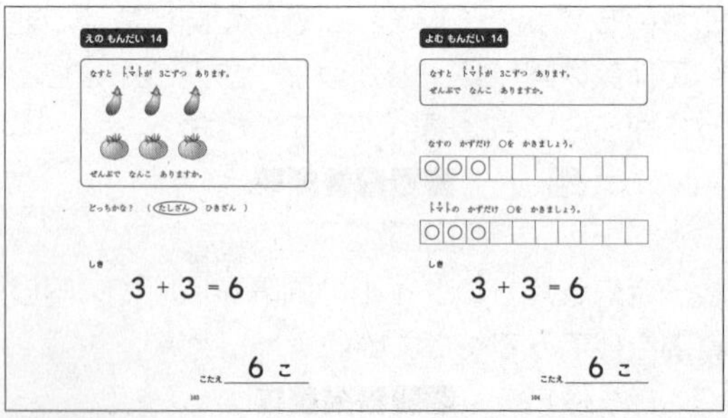

解説

数字が1個のたし算
○個ずつ

「あわせていくつ？」のたし算です。しかし、意外にむずかしいのです。というのは、数字が“3”

と、1個しかないからです。「○こずつ」という言葉がわかる子にはなんでもないことですが、言葉の力が弱い子、イメージ力の弱い子は、3個と何個をたすのかわからないことがあります。ここで、「○こずつ」というのは、「なすもトマトも3こであること」、そういってもピンとこないときは、「なすも3こ、トマトも3こであること」をしっかりわかるように教えてください。**「えの　もんだい」**では、絵があるのでなんとなくできると思いますが、**「よむ　もんだい」**で、「○こずつ」の理解ができているか、確認をお願いします。

補充

兄弟、姉妹で、カードやクッキー、チョコなどを「何枚ずつ」「何個ずつ」と分けたり、「みかんとりんごを2こずつ持ってきて」と言って、やらせてみたりして、体験を通して「何個ずつ」という意味の理解を強化してください。このことは、かけ算で「1あたりの量×いくつ分の数」という計算のときに必要になります。

P105-106 解答

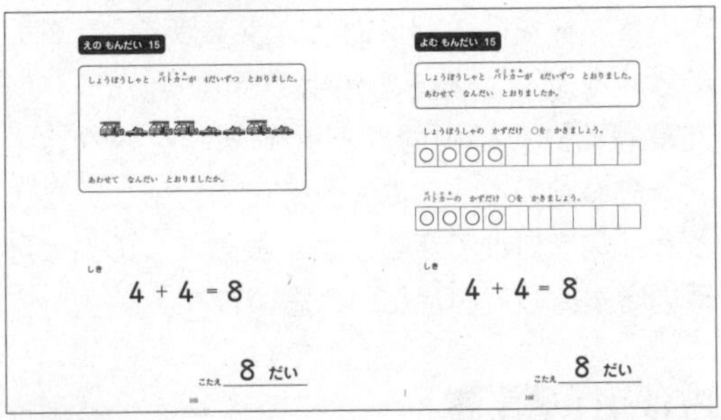
えの もんだい 15

しょうぼうしゃと パトカー《ぱとかー》が 4だいずつ とおりました。

あわせて なんだい とおりましたか。

しき $4+4=8$

こたえ 8 だい

よむ もんだい 15

しょうぼうしゃと パトカー《ぱとかー》が 4だいずつ とおりました。
あわせて なんだい とおりましたか。

しょうぼうしゃの かずだけ ○を かきましょう。

○○○○

パトカー《ぱとかー》の かずだけ ○を かきましょう。

○○○○

しき $4+4=8$

こたえ 8 だい

解説

○個ずつ
仲間分け
○台

これも「あわせていくつ？」のたし算で、「○こずつ」のタイプです。しかし、「とおりました」という設定なので、目の前には消防車もパトカーもすでにいないことになります。目の前にないものについても、状況をイメージし、「しょうぼうしゃが4だい、パトカーが4だい」と、仲間ごとの数に整理して、式を立てられるようにしたいと思います。

ここでも、**「よむ　もんだい」**で、「○こずつ」の理解ができているか、確認をお願いします。

1だい、2だい、…という車の数え方もおさえてください。

P107-108 解答

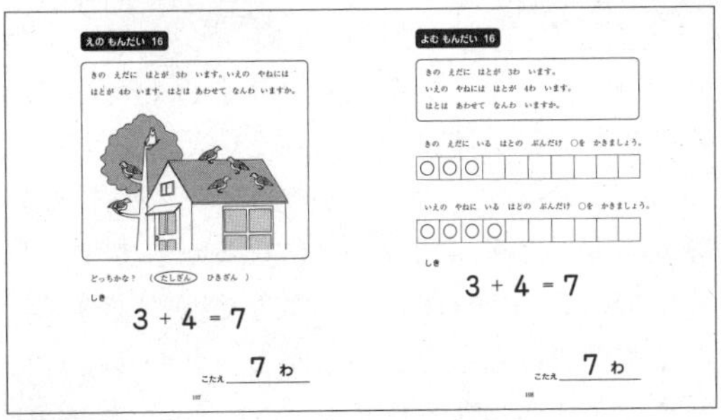
えの もんだい 16

きの えだに はとが 3わ います。いえの やねには はとが 4わ います。はとは あわせて なんわ いますか。

どっちかな？ （たしざん ひきざん）

しき $3+4=7$

こたえ 7 わ

よむ もんだい 16

きの えだに はとが 3わ います。
いえの やねには はとが 4わ います。
はとは あわせて なんわ いますか。

きの えだに いる はとの ぶんだけ ○を かきましょう。

○○○

いえの やねに いる はとの ぶんだけ ○を かきましょう。

○○○○

しき $3+4=7$

こたえ 7 わ

解説

読み取り
イメージ
生活体験

「あわせていくつ？」のたし算で、たし算自体はシンプルですが、問題の文章が少しだけ詳しく、長くなっています。そして、広がりのある状況をイメージする必要があります。

このような場合、似たような情景を見たことがあるかないかによって、パッと状況がつかめるかどうかにちがいが出てきます。つまり、**「もんだい7」**でも書きましたように、読み取りの力というのは、「読む」という訓練だけではなく、生活体験の豊かさ、細やかさにも裏打ちされて伸びるものであることをご理解いただきたいと思います。そして、日々の暮らしの中でも、近くのものや遠くに見えるものに目を凝らし、その名称や形、意味、数などに興味を向ける努力をしてほしいと思います。

さらに、3+4=の計算を、もう一度チェックしてください。

P109-110 解答

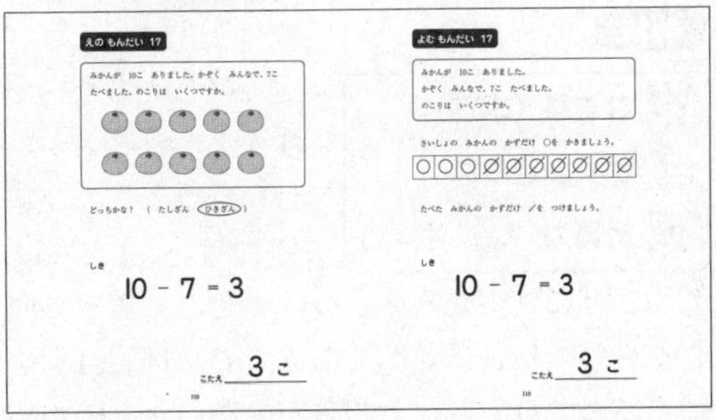
えの もんだい 17

みかんが 10こ ありました。かぞく みんなで、7こ たべました。のこりは いくつですか。

どっちかな？ （ たしざん ひきざん）

しき $10-7=3$

こたえ 3 こ

よむ もんだい 17

みかんが 10こ ありました。
かぞく みんなで、7こ たべました。
のこりは いくつですか。

さいしょの みかんの かずだけ ○を かきましょう。

○○○ØØØØØØØ

たべた みかんの かずだけ ／を つけましょう。

しき $10-7=3$

こたえ 3 こ

解説

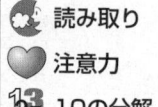

読み取り
注意力
10の分解

「のこりはいくつ？」のひき算です。「かぞくみんなで」という言葉からたし算だと勘違いせず、しっかり問われているメッセージを読み取りましょう。10からのひき算は、特に力を入れたい計算です。10の合成・分解は、くり上がり、くり下がりの計算で、そのたびに使うことになるからです。その中でも、10から6以上の数をひくひき算を、タイルやおはじきを使いながら、わかって覚えるまでくり返し練習してください。

補充

指を使う10の分解（10からのひき算）も覚えておきましょう。両手のひらを上に向けて開き、ひく数の分だけ指を折ると、開いている指の数が残りの数です。たとえば7本指を折ると、開いている3本が10−7の数になります。

6以上の数の指の折り方は、その子どものわかりやすい方法でいいと思いますが、指の運動としては、6で（5までの手の）もう一方の手の親指、7で人差し指と折っていくのが折りやすいはずです。いつも決まった方法で折るようにすると、混乱しにくいでしょう。

P111-112 解答

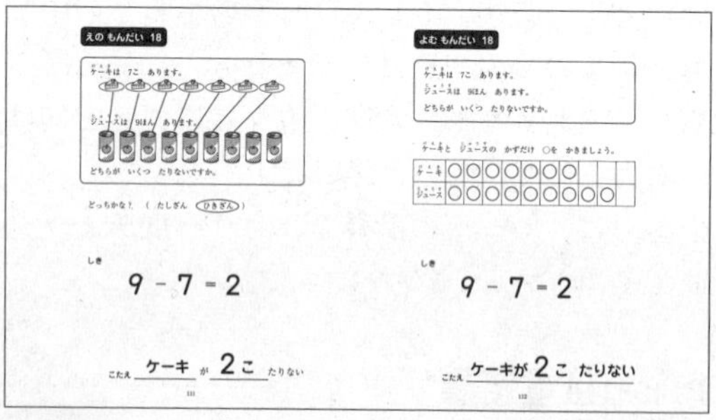

解説

ひき算（求差）
いくつ足りない
計算力　注意力

「いくつたりないですか？」は「ちがいはいくつ？」のひき算です。まずは、そのことに気づかないといけません。あえて同じくらいの長さに並べてあるので、1個と1本を線で結んで対応し、どちらが少ないかを確かめましょう。そのうえで、ひき算と気がつけるようにしたいと思います。

「こたえ」の欄に「こ」がついてないのは、ケーキであれば「○こ」、ジュースであれば「○ほん」と、自分で気づいてもらうためです。「○こ」と、単位がついているかどうか、確認してください。**「よむ　もんだい」**では、○をそろえてかくことで、わかりやすくなることを学びたいと思います。

補充

ひき算のうち、「ちがいはいくつ？」では、ちがいが少ない場合、つまり7−5＝、8−7＝のように、ひく数が大きいほうが子どもはわかりやすいようです。一方「のこりはいくつ？」では、減る数が少ない場合つまり7−1＝、8−2＝のように、ひく数が小さいほうがわかりやすいようです。最初は上手に使い分けて、わかりやすい数の設定で「ちがいはいくつ？」「のこりはいくつ？」というメッセージを受け取り、ひき算の式につなげていけるように援助してください。このことは、「ちがいはいくつ？」で、7−6＝、7−5＝などの大きい数をひく計算力、「のこりはいくつ？」で、7−1＝、7−2＝などの小さい数をひく計算力というように、計算力の強化を図るうえでも活用できます。そして、文章題と計算の両面から十分練習を続ける中で、文章題のどんな数の設定にも対応し、とまどわず数を処理できるよう、読み取りの力と計算力を獲得していきたいと思います。

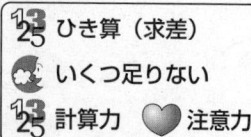

P113-114 解答

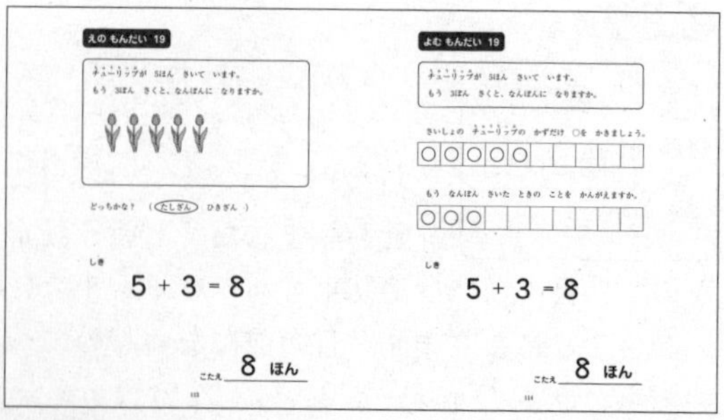

解説

たし算（増加）
仮定

「ふえるといくつ？」のたし算ですが、実際にあるものだけではなく、「もしこうなったら」と仮定して解くことになる分、二重のイメージ力が必要になります。絵でも、いま咲いている分しか描かれていません。「ふえると」といったヒントもありません。よくわからないときは、これから咲く分を描かせるか、おはじきやタイルで並べさせてみてください。「○本咲きました」というより、ずっと高度な力が必要です。言葉からこのようなことを考えられるのは、とても人間らしいすばらしいことだと思います。

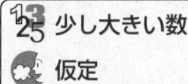

P115-116 解答

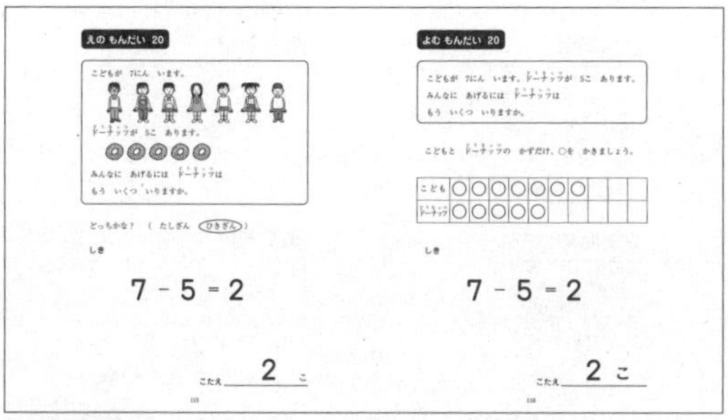
えの もんだい 20
こどもが 7にん います。
ドーナッツが 5こ あります。
みんなに あげるには ドーナッツは
もう いくつ いりますか。
どっちかな？ （ たしざん ひきざん ）
しき
7 − 5 = 2
こたえ 2 こ

よむ もんだい 20
こどもが 7にん います。ドーナッツが 5こ あります。
みんなに あげるには ドーナッツは
もう いくつ いりますか。
こどもと ドーナッツの かずだけ、○を かきましょう。

こども	○	○	○	○	○	○	○			
ドーナッツ	○	○	○	○	○					

しき
7 − 5 = 2
こたえ 2 こ

解説

「もういくついりますか？」と不足分を問うひき算は、基本的には**求補**のひき算ですが、ここでは「ちがいはいくつ？」の考え方でもできます。まずは、そのことに気づき、子ども1人とドーナッツ1個を線で結べるようにしましょう。線で結ばず、数だけで処理できる子もいると思います。その場合はそれで結構です。しかし意識的に並び方をそろえてないので、見た目でうっかり3個としない注意が必要です。

「よむ　もんだい」では、○をそろえてかくことで「ちがいはいくつか」をとらえ、それが「いくつたりないか」ということであり、「もういくつ」ということであることを、理解するようにうながしてください。

P117

「まとめ」の問題に入ります。ここからは**「えの　もんだい」**はなく、**「よむ　もんだい」**だけになります。これまで練習してきたやり方で、自信を持って取り組みましょう。よく内容が読み取れず、とまどうときは、お話にそってタイルやおはじきを並べたり、動かしたりしながらやってみてください。

P117-118 解答

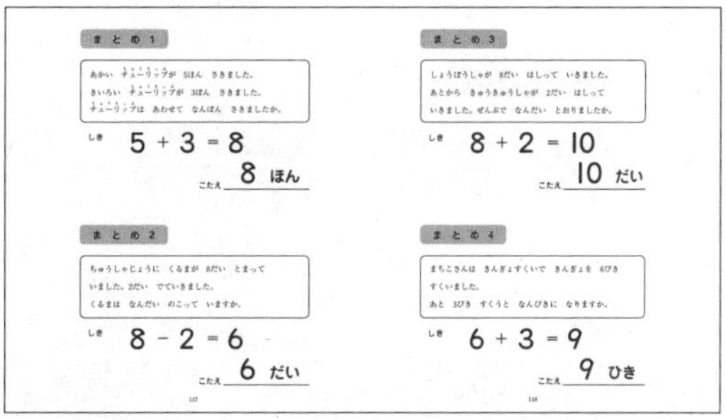
まとめ 1
あかい チューリップが 5ほん さきました。
きいろい チューリップが 3ぼん さきました。
チューリップは あわせて なんぼん さきましたか。
しき 5 + 3 = 8
こたえ 8 ほん

まとめ 2
ちゅうしゃじょうに くるまが 8だい とまって
いました。2だい でていきました。
くるまは なんだい のこって いますか。
しき 8 − 2 = 6
こたえ 6 だい

まとめ 3
しょうぼうしゃが 8だい はしって いきました。
あとから きゅうきゅうしゃが 2だい はしって
いきました。ぜんぶで なんだい とおりましたか。
しき 8 + 2 = 10
こたえ 10 だい

まとめ 4
まちこさんは きんぎょすくいで きんぎょを 6ぴき
すくいました。
あと 3びき すくうと なんびきに なりますか。
しき 6 + 3 = 9
こたえ 9 ひき

解説

●まとめ　1

読み取り
イメージ

「あわせていくつ？」のたし算です。もっとも大切な情報は「5ほん」「3ぼん」「あわせて　なんぼん」ということなので、そこに気がつけたら、多少なりとも文章題を解く力がついていると評価していいと思います。しかし、できることなら全体をよく読み、情景をイメージしたうえで、上記の大切な情報を○で囲む、あるいは下線を引くなどして式を立てられるといいと思います。答えは、「8ほん」でも「8ぽん」でもかまいません。「8っぽん」と書いた場合は、数字のあとでは小さい「っ」はいらないことを教えてください。

●まとめ　2

「のこりはいくつ？」のひき算です。5より大きい数は、タイルでそのつど「5個といくつ」と2段に並べ、まとまり感覚でとらえていくようにすることをお勧めします。

●まとめ　3

読み取り
イメージ

「あわせていくつ？」のたし算です。「はしっていったから、いなくなってひき算」ではないことがわかるには、どういう状況なのかをしっかりイメージし、何を聞かれているのか、メッセージを正しく受け取る必要があります。「まとめ　2」と対比させ、混乱せずに読み取っているか確認してください。

●まとめ　4

少し大きい数
仮定

「ふえるといくつ？」のたし算です。「あと3びきすくうと」から、たし算とわかるでしょうか。数も少し大きいですから、計算もしっかり確かめてください。

P119-120 解答

まとめ 5

なしが 6こ あります。
りんごは 8こ あります。
なしと りんごの ちがいは いくつですか。

しき 8 − 6 = 2

こたえ 2 こ

まとめ 6

みつるくんは、ミニカーを 5だい もって います。
おにいさんは、ミニカーを 7だい もって います。
どちらが なんだい おおく もって いますか。

しき 7 − 5 = 2

こたえ おにいさんが 2 だいおおくもっている

まとめ 7

さとみさんは やおやさんで バナナと きゅうりを
4ほんずつ かいました。
ぜんぶで なんぼん かいましたか。

しき 4 + 4 = 8

こたえ 8 ほん

まとめ 8

ケーキが 7こ あります。おさらは 5まいしか
ありません。ケーキを それぞれ おさらに のせるには
おさらは なんまい たりませんか。

しき 7 − 5 = 2

こたえ 2 まい

119　120

解説

●まとめ 5

求差
数の大小

「ちがいはいくつ？」のひき算です。多いほうから少ないほうをひくことをしっかりおさえるよう、あえて多いほうを後にしてあります。そこで混乱するようでしたら、「どっちが多い？」と、注意をうながしてください。

●まとめ 6

求差
2つの問い
注意力

これも「ちがいはいくつ？」のひき算ですが、「どちらがなんだい」と2つのことを聞いています。問題に対して、答えるべきことを正しく答えられるよう、注意力も求められる問題です。

●まとめ 7

○個ずつ

「あわせていくつ？」のたし算ですが、「○個ずつ」と、数字が1個しかない形です。何度か練習してきた形ですが、つまずくときは、バナナときゅうりのそれぞれの数だけ、おはじきやタイルを並べさせてください。また、類似の**「えの　もんだい」**、**「よむ　もんだい」**にもどっておさらいしてください。

補充

ぜひ買いものに連れていき、いろいろなものを「○個」、あるいは「○個ずつ」などと言いながら、自分でかごに入れさせたりしてみてください。お使いを頼む前の実習になります。

●まとめ 8

いくつ足りない？

「ちがいはいくつ？」のひき算です。「いくつたりない？」は、子どもにとって少し理解がむずかしいもののようです。イメージできないときは、お話にそって、ケーキの分、お皿の分と、絵か○をかかせてみてください。そのようにすることで、わからないときは、自分で絵や○をかいて考えられるようになるといいと思います。そして、比べるときは、2列に並び方をそろえてかくとわかりやすいことなどに、自分で気がついていくようにしてください。

P121-122 解答

まとめ 9

こうえんで、こどもが 5にん あそんで いました。
あとから、もう 4にん きました。
いま、こうえんでは なんにん あそんで いますか。

しき 5 + 4 = 9

こたえ 9 にん

まとめ 10

おともだちが 8にん います。
アイスキャンディーが 10ぽん あります。
ひとりに 1ぽんずつ あげると なんぼん あまりますか。

しき 10 − 8 = 2

こたえ 2 ほん

まとめ 11

こどもが みんなで 9にん います。
クッキーが 6まい あります。みんなに 1まいずつ
あげるには、もう なんまい いりますか。

しき 9 − 6 = 3

こたえ 3 まい

まとめ 12

ちゅうしゃじょうに くるまが 8だい とまって います。
もう 2だい くると くるまは なんだいに
なりますか。

しき 8 + 2 = 10

こたえ 10 だい

121　122

解説

●まとめ 9

キーワードのないたし算
目と手を使う補助

「ふえるといくつ？」のたし算です。しかし、ここでむずかしいのは、「ふえると」というたし算のキーワードが示されていないことです。「あわせて」「ぜんぶで」「みんなで」といった、他のキーワードもありません。言葉からのイメージ力が弱い子は、それだけで、何を聞かれているのかわからず、固まってしまうことがあります。このような場合も、ひとつひとつの条件ごとに、おはじきやタイルを使って目に見える情報に転換してみることをお勧めします。

ここでは、まず公園として大きめの○か□をかき、その中に、「最初に何人あそんでいたの？」と聞いて、最初の人数分だけおはじきやタイルを置かせてください。それから、「あとから何人きたの？」と聞いて、ふえた人数分だけおはじきやタイルをすべらせて入れてください。そして、「いま、こうえんでは　なんにんあそんでいますか」の部分を、自分で読ませてみてください。

このように、**言葉と、目と手を上手に使いな**

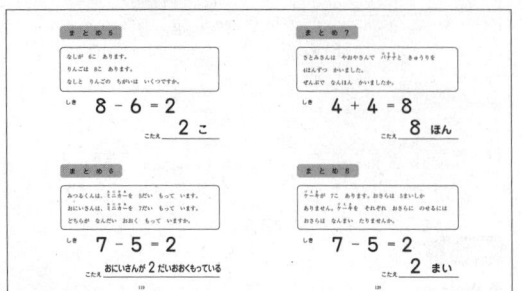

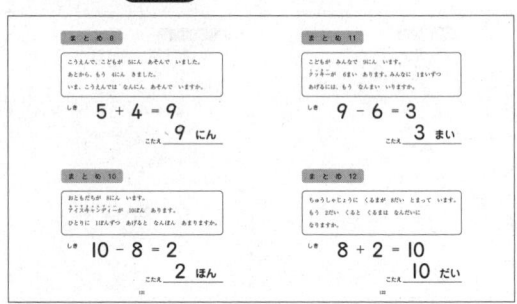

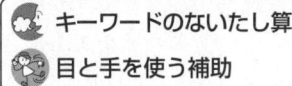

がら理解を助けてあげると、わかりやすくなります。「**まとめ　8**」の方法ともあわせ、考え方を補助するスキル（技能）を身につけ、自分から使えるようにしていきたいと思います。

●まとめ　10

人の数とものの数
読み取り
条件を取り出す

これは、「のこりはいくつ？」のひき算ですが、子どもには大変むずかしい問題です。「なんぼんあまりますか」というのは、「なんぼんのこりますか」と同じことですが、それは大人だからわかることです。「おともだちが8にんで、アイスが10ぽん→ひとりに1ぽんずつアイスをあげる→アイスは8ぽんへる→10ぽんから8ぽんへるから、ひきざん」と、たくさんのことを順序立てて考えないといけないのです。さらに、数字が8と10と1と、3つ出てきます。ですから、何の数がどう動くのか、しっかりとお話を整理する必要があります。状況が読み取れないときには、やはりおはじきやタイルでストーリーをたどってみてください。この問題ができた子どもは、かなり文章題の力がついてきています。

補充

「アイスはおともだちよりいくつおおいか？」と、「ちがいはいくつ？」のひき算ととらえて解く子もいると思います。ここでは、それでもかまわないと思います。しかし、本質的には「のこりはいくつ？」のひき算であることは、つぎのような場合を考えるとご理解いただけると思います。

例）おともだちが　4にん　います。アイスキャンディーが　10ぽん　あります。
みんなに　2ほんずつ　あげると　なんぼんあまりますか。

●まとめ　11

人の数とものの数
読み取り
条件を取り出す
求補

まえの問題よりさらにむずかしいと思います。「**まとめ　10**」ではアイスをあげることができるので、「あげるとこうなる」と考えることができますが、こんどはあげることができないのです。「あげるためには」と、想像力をはたらかせる必要があります。さらにここでも、数字が3つ出てくるうえに、「みんな」というたし算と勘違いしやすい言葉が入っています。

状況をつかめないときは、おはじき、タイル、○を書くなど、その子にわかりやすい方法でやってみてください。

補充

「もういくついりますか？」は、暮らしの中でよく使う計算です。いずれ、お金に関する計算でも頻繁に使うことになります。ぜひ日常生活の中で、「○○はあといくついる？」の質問をして、それがひき算とわかるようにし、このタイプのひき算になじませてください。とくに、「あといくつで10」にしっかりなじませておくと、くり上がりのときに役に立ちます。

●まとめ　12

増加
10の合成

「ふえるといくつ？」のたし算です。まえの2問に比べるとわかりやすいと思います。ただ「ふえる」という表現を使ってないので、「『もう2だいくると』だから、ふえるんだな」とイメージする必要があります。

それから、ここでおさえておいていただきたいのは、あわせて10になるたし算です。くり上がり、くり下がりを扱うようになると、「10のまとまりをつくる」あるいは「10のまとまりを分解する」というステップが、重要なポイントになります。「いくつといくつで10」ということは、この先、内容がむずかしくなるにつれ、なくてはならない理解です。ここで、ミニカーを使う、あるいはおはじきやタイルを使うなどして、「○台いたら、あと何台で10台になるか」ということを練習してください。

P123 解答

たしざん と ひきざん の キーワード(ヒントのことば)

つぎの もんだいは たしざんかな？ ひきざんかな？
（　　）に かきましょう。

てほん
あわせて いくつ？ （ たしざん ）

あわせて いくつ？	（ たしざん ）
のこりは いくつ？	（ ひきざん ）
ちがいは いくつ？	（ ひきざん ）
ぜんぶで いくつ？	（ たしざん ）
いくつ おおい？	（ ひきざん ）
いくつ すくない？	（ ひきざん ）
みんなで いくつ？	（ たしざん ）
もう いくつ いりますか？	（ ひきざん ）
ふえると いくつ？	（ たしざん ）
いくつ たりない？	（ ひきざん ）
いくつ あまる？	（ ひきざん ）

できなかった もんだいを また れんしゅう しましょうね。

123

解説

文章題のキーワード

文章題を解くときに大切なことのひとつとして、「キーワードを見つける」ということがあります。言葉として表現されているようすや条件を、具体的にしっかり読み取り全体をイメージできることが理想ですが、そういうことが困難な子どもには、キーワードを手がかりに、たし算なのか、ひき算なのかを判断する方法も有効です。もちろん、そういう子どもたちも、キーワードからただ反射的に式を立てるのではなく、やはりお話の意味全体をしっかり読み取る努力もするべきだと思います。この「**えで　とく　ぶんしょうだい**」はなによりもそういった、文章を読んで、内容をイメージする力、メッセージを受け取る力をつけることをねらいとしてきました。そのうえで、勘違いを防ぐ確認のかぎとして、このキーワードをおさえておきたいと思います。

できなかった項目は、もう一度そのジャンルの問題にもどって、おさらいしてください。

P124-127

解説

問題づくり

文章題の総仕上げは、「**もんだいづくり**」だと思います。どんな簡単な問題でもかまいません。条件にかなっていればそれで結構です。問題がつくれたということは、そのキーワードの意味がわかっているということです。さらに、問題をつくることで、理解をしっかりさせるという効果もあります。

うまくつくれないときには、ご家族が、動物、日用品、野菜や果物、文房具など、子どもになじみのあるものでヒントを与えてあげてください。例となる問題を教えてあげてもいいと思います。

ここまでサポートしてくださったご家族の方々、大変ご苦労様でした。心からお礼申し上げます。算数の学習はまだ始まったばかりです。これからも、労を惜しまず、サポートしてくださいますよう、お願いいたします。

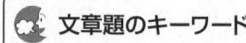

小児科医がつくった

おくれがちな子、LD児、ADHD児など、どの子も伸ばす

ゆっくり さんすう プリント

10までの かず

武田 洋子 著

小児科医がつくった

おくれがちな子、LD児、ADHD児など、
どの子も伸ばす

ゆっくり さんすう プリント

10 までの かず

もくじ

もんだい

おうちの方へ …… 4

10までの かず きそ …… 8

1 おおきい と ちいさい …… 8
2 ながい と みじかい …… 14
3 おおい と すくない …… 16
4 おぼえよう 5までの かず …… 22
5 いくつと いくつで 5かな？ …… 27
6 おぼえよう 10までの かず …… 30
7 5と いくつ …… 33
8 あと いくつで 10？ …… 38
9 なんばんめの かず …… 41
10 10えんまでの おかね …… 44

11　1より　ちいさい　かず …… 48
12　かずの　つながり　0から　10 …… 51
13　かずの　おおきさ　0から　10 …… 54
14　たしざんの　れんしゅう …… 57
15　ひきざんの　れんしゅう …… 63
16　けいさんれんしゅう　たしざん　ひきざん …… 68
17　□の　ある　たしざん　ひきざん …… 69
クイズで　ひとやすみ …… 70

10までの　かず　えで　とく　ぶんしょうだい …… 71

えの　もんだい　よむ　もんだい　1〜20 …… 71
まとめ　1〜12 …… 117
たしざんと　ひきざんの　キーワード …… 123
もんだいづくり　1〜4 …… 124

別冊「解答と解説」

はじめに …… 1
解答と解説 …… 6

おうちの方へ　「ゆっくり　さんすう」は、大切なことを「ゆっくり」学びます

私は小児科医ですが、最近、子どもの学習面のおくれを心配して受診されるご家族の相談を受けることが多くなりました。医学的な立場から、それぞれの子どもに合わせ、なるべく具体的に学習へのサポートの仕方をアドバイスしていますが、ときどきの外来でお伝えできることには限りがあります。そのため、日々取り組める学習課題が身近にあればと思い、つくったのが、この**「ゆっくり　さんすう」**です。

1．このような子どものために

●学習がおくれがちな子どもや、LD児、ADHD児などのために
困っていませんか？　こんなふうに…。

そわそわ、きょろきょろ、落ち着いて学習できない。
わからないからやりたくない。
すらすら読めないから、めんどう。
ひとつわかったと思うと、ひとつ忘れる。
やることが雑でごちゃごちゃ。
ちゃんと読んでやらないから、間違える。

こうしたことで、**「もっとやさしいドリルはないかしら？」**とお探しの方は、どうかお試しください。年齢によらず、お子さんにとってちょうどいい時に取り組んでいただいていいのです。医療機関で学習障害などと診断された子どもだけでなく、算数で少し苦労している子どもたちにも、お役に立てるものと思います。

●海外・帰国子女や、外国人の子どもで、日本語の力が十分ではない子どもにも
絵や図を目で見て理解し、言葉を読み、手で作業する。そんな中で、言葉がよくわからなくても楽しく取り組めて、自然に言葉の力も伸びるよう、配慮しています。

●基礎固めをしたいみなさんへ
「なんとかわかる」と、「しっかりわかる」はちがいます。むずかしくなる前に、**「ゆっくり」**しっかり基礎を身につけましょう。

●まだ小さいけれども、早く数のことを学びたい子どもにも
将来学ぶ、位取り、単位の換算、ものさしなどの目もりの読み方、正負の数といった高度な内容への見通しのもと、初歩から本質的な理解を促せるよう配慮しました。

2. ここがちがう、「ゆっくり　さんすう」

解説では、ご家族が、子どもの特性を理解し、総合的にサポートしていけるよう、目で形をとらえる力、言葉、イメージ力、手先の細かい運動、目と手の共同作業など、医学的な視点からも、さまざまなアドバイスをしています。これらの視点は、「数に関すること」「言葉に関すること」「感覚や運動」「気持ちの面」という4つのジャンルに分け、解説文中にキーワードとして示してあります。4つのジャンルは以下の記号で表しています。

数に関すること　言葉に関すること　感覚や運動　気持ちの面

3. 「10までの　かず　きそ」では、特に、つぎのような点に配慮しています

1 「数」を学ぶ前に、「数」が表す「大きい・小さい」「長い・短い」「多い・少ない」「仲間分け」「対応」といったことを、目で見ながらしっかり理解させます。

2 「1、2、3、…」と数える順序としての数より、まず「1個、2個、3個、…」という、個数（数の大きさ）としての理解を促します。そのうえで、数のもうひとつの機能として、順序を教えます。

3 将来学ぶ「位取り」や「単位の換算」にそなえ、数を「10のまとまり」としてとらえる感覚を養います。さらに、位取りの仕組み、目もりの読み方や負の数の理解に向け、「0の意味」をしっかり理解させます。

外来でお渡しした**「10までのかず　きそ」**を使われたお子さんと、お母様からのアンケート回答を、ご承諾を得て掲載します。ご家族も、よきサポーターであってほしいと願います。

●学校の授業におくれがちだったAさん

ご家族の方へ　使った方の、学力・生活面の変化や、ご意見をお寄せください。

一枚の中の問題の数も少なく、絵を見たりしながら楽しんで勉強させていただきました。
教科書、学校のドリルを見ることさえいやがっていたが自分から進んで取りくむことができました。

つかった　おともだちへ　**ゆっくりさんすう**で　べんきょうして　どうでしたか。
かんじたことを　かいてね。

わかりやすくてべんきょうがやりやすくて
学校もこうゆうのだったらいいなぁー

●737gの未熟児で生まれたBさん

ご家族の方へ　使った方の、学力・生活面の変化や、ご意見をお寄せください。

同じたし算でも色々な角度から問題が出来ていて、子供は、パッと見て、何かむづかしい事が書いてあるのかな？と思うとやる前にもうわからないといった風でしたが良く読んでいっしょにといていくと、なんだこれもたし算なんだという感じで、とても自信を持てたみたいです。絵もたくさんあって、わかりやすかったです。

つかった　おともだちへ　**ゆっくりさんすう**で　べんきょうして　どうでしたか。
かんじたことを　かいてね。

えがいっぱい
あってたのしかった。

4.「10までの　かず　えで　とく　ぶんしょうだい」においては、つぎの点に配慮しています

1　4

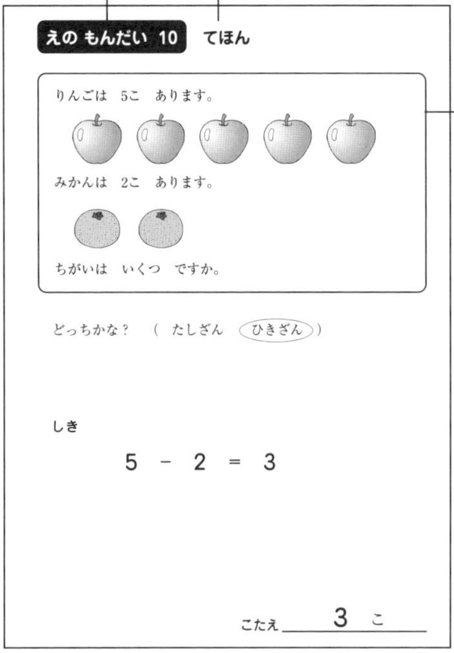
えの もんだい 10　てほん

りんごは　5こ　あります。

みかんは　2こ　あります。

ちがいは　いくつ　ですか。

どっちかな？　（　たしざん　ひきざん　）

しき

5 － 2 ＝ 3

こたえ　3　こ

3

2　4

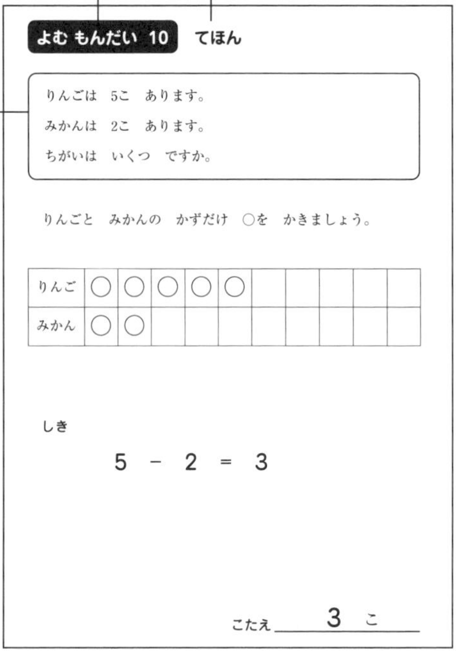
よむ もんだい 10　てほん

りんごは　5こ　あります。

みかんは　2こ　あります。

ちがいは　いくつ　ですか。

りんごと　みかんの　かずだけ　○を　かきましょう。

りんご	○	○	○	○	○					
みかん	○	○								

しき

5 － 2 ＝ 3

こたえ　3　こ

1　文章を読む力が弱い子ども、内容を読み取る力が不十分な子どものために、まず「**えの　もんだい**」で、絵を見て解きます。

2　そのあと「**よむ　もんだい**」で、同じ問題を、文章を読んで解くようにしてあります。絵を思い出すことで、言葉から内容をイメージする力、メッセージを受け取る力をつけるためです。

3　問題と、自分で作業する欄が区別しやすいように、問題には囲みをしてあります。

4　問題の種類ごとに、最初に「てほん」手本のページを設けて、やり方がわかるようにし、同じ問題を、自分でまねしてやるようにしてあります。そうすることで自然にできるようにし、「できた」ということを自信にして、新しい問題に取り組むようにしてあります。

5　気持ちの負担をなくし、ひとつの問題に集中できるよう、1ページ1問としています。

6　さまざまな言葉になじみ、意味を読み取れることを目標にしているため、あえて、いろいろな表現を使っています。例）「あわせていくつ」「みんなでいくつ」「いくつのこる」「ちがいはいくつ」「いくつおおい」「いくつたりない」「もういくついりますか」

7　たし算とひき算を、バラバラに並べてあります。問題の意味をしっかり読み取り、「たしざん」なのか「ひきざん」なのかを判断し、式を立てる力をつけるためです。

小児科医がつくった

おくれがちな子、LD児、ADHD児など、どの子も伸ばす

ゆっくり さんすう プリント

10までの かず

もんだい

10までの　かず　きそ

1　おおきい と ちいさい

おおきい　ほうを　◯で　かこみましょう。

てほん

れんしゅう

おおきい　ほうを　○で　かこみましょう。

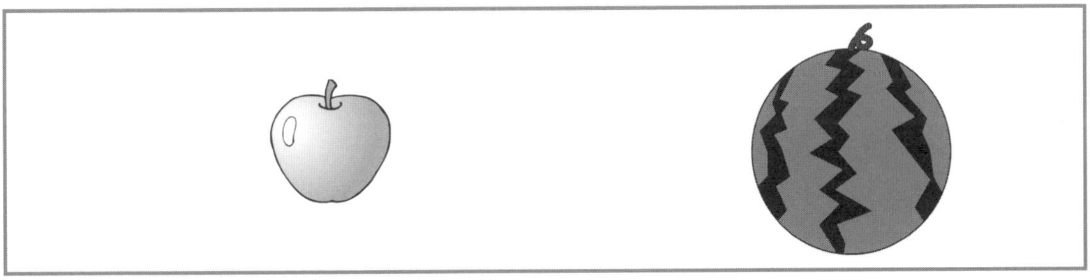

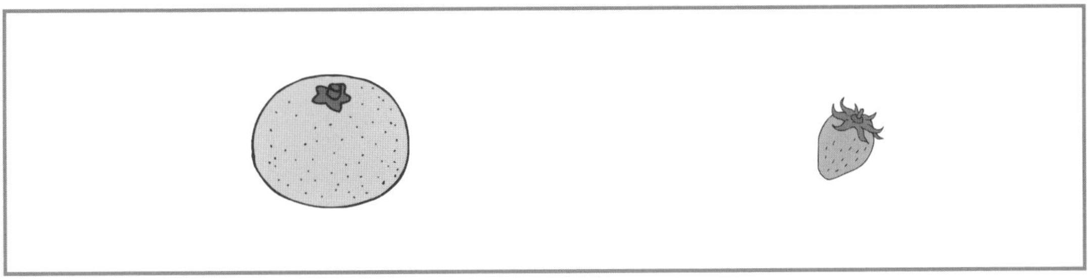

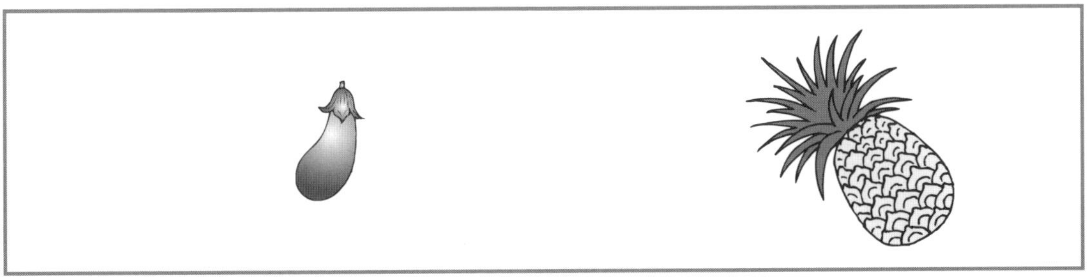

ちいさい　ほうを　○で　かこみましょう。

てほん

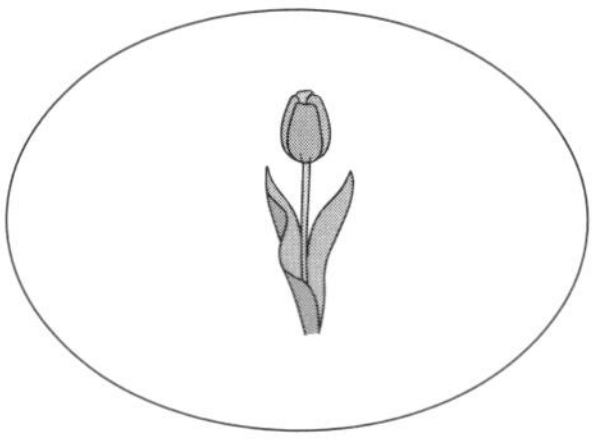

れんしゅう

ちいさい　ほうを　○で　かこみましょう。

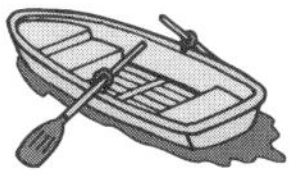

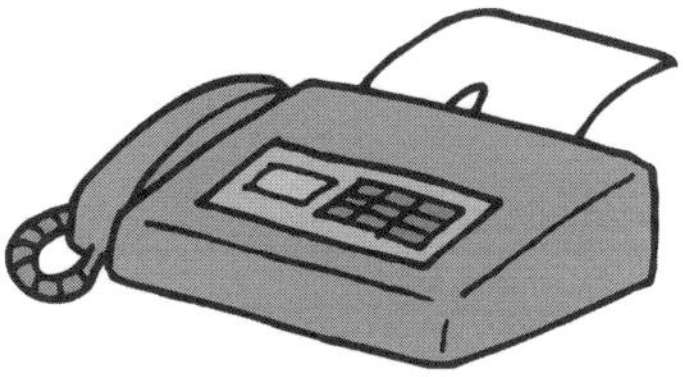

おおきい　ほうを　○で　かこみましょう。

れんしゅう

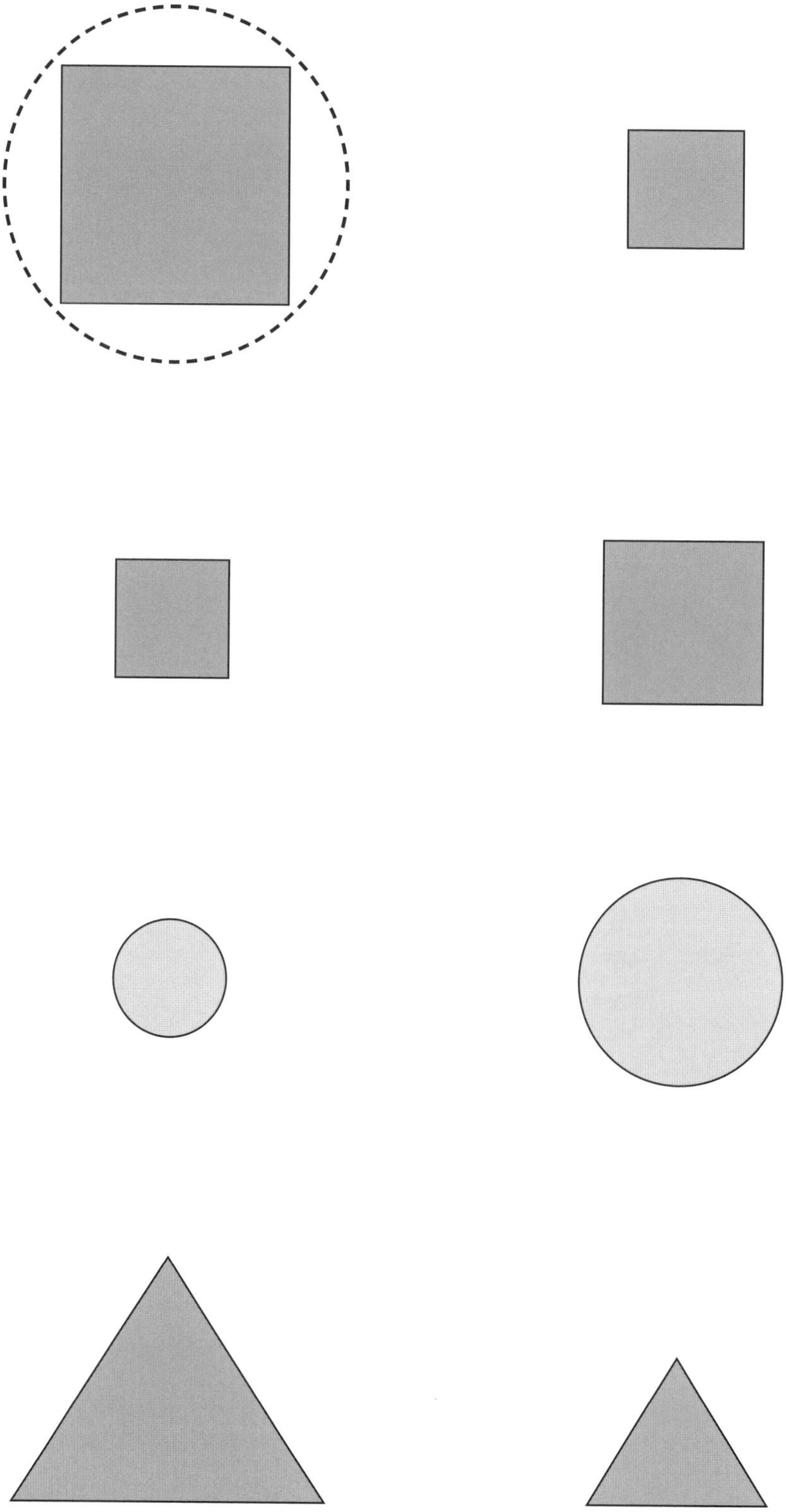

ちいさい　ほうを　◯で　かこみましょう。

れんしゅう

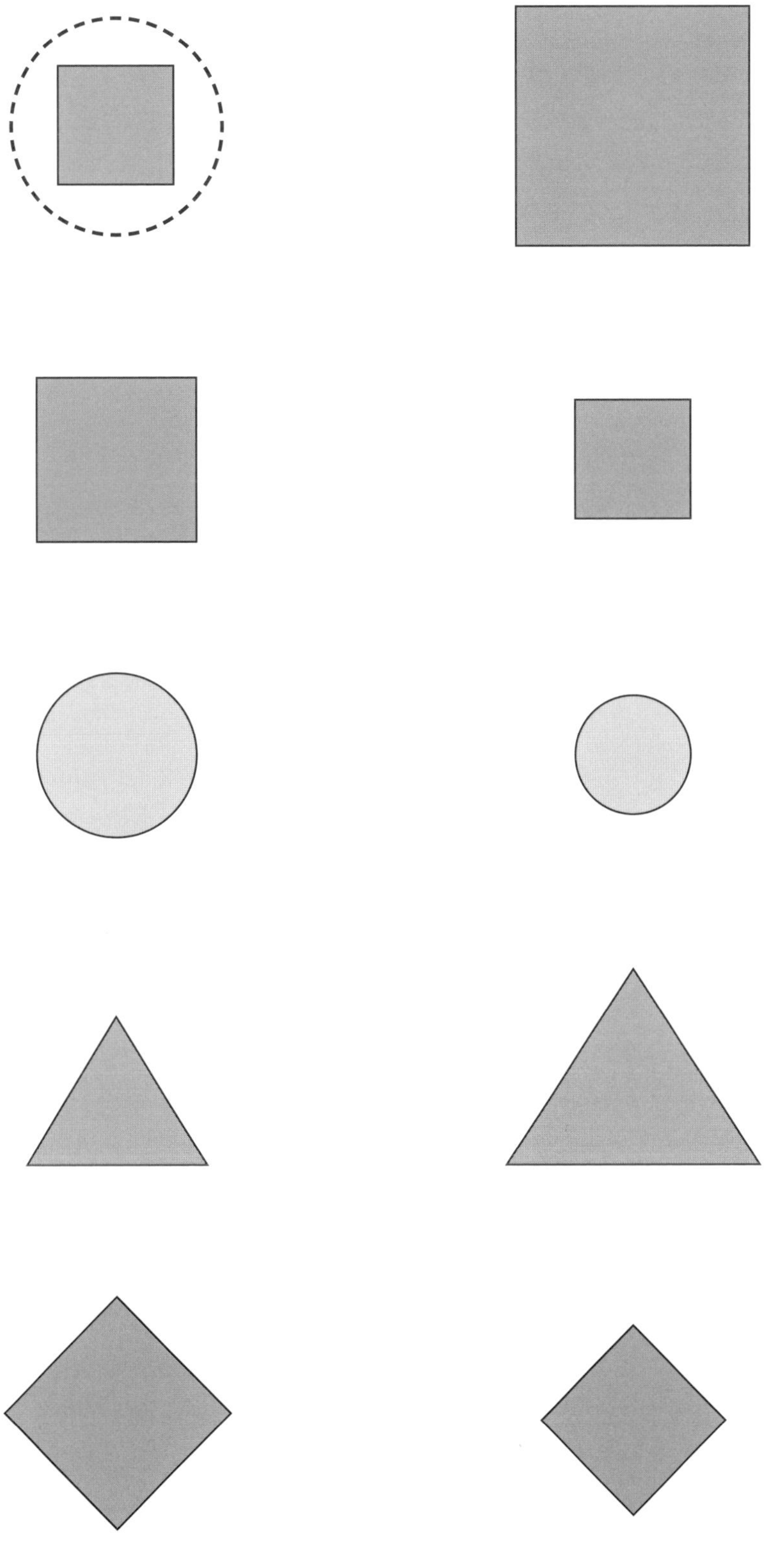

2　ながい と みじかい

ながい　ほうに　◯を　つけましょう。

てほん

（　◯　）

（　　　）

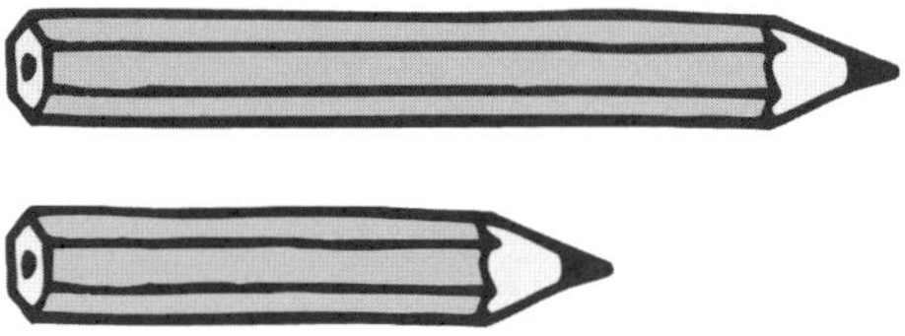

れんしゅう

（　　　）

（　　　）

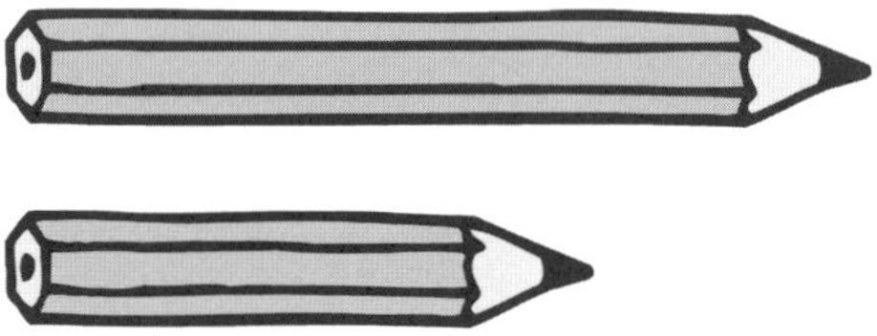

（　　　）

（　　　）

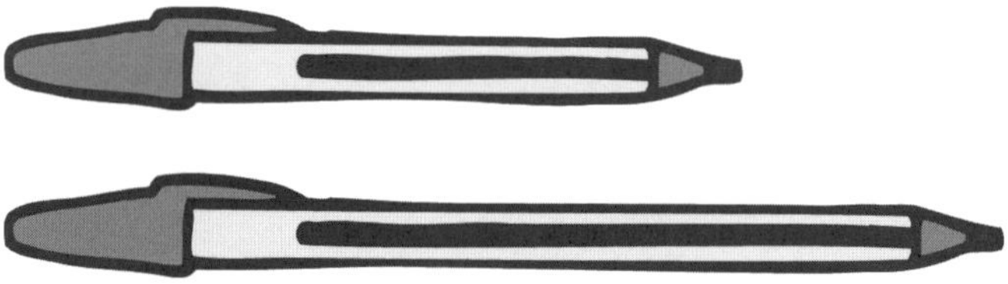

（　　　）

（　　　）

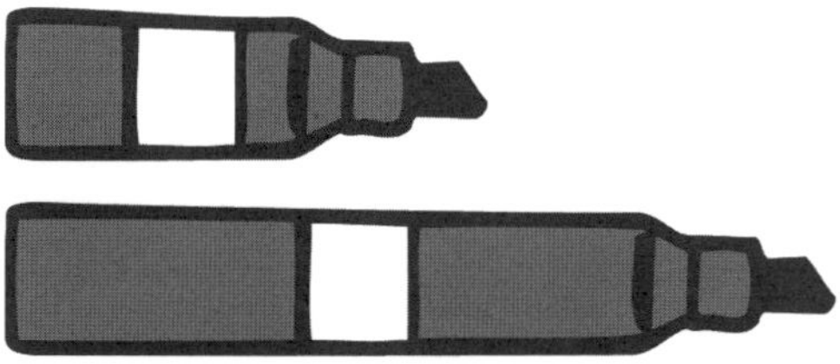

（　　　）

（　　　）

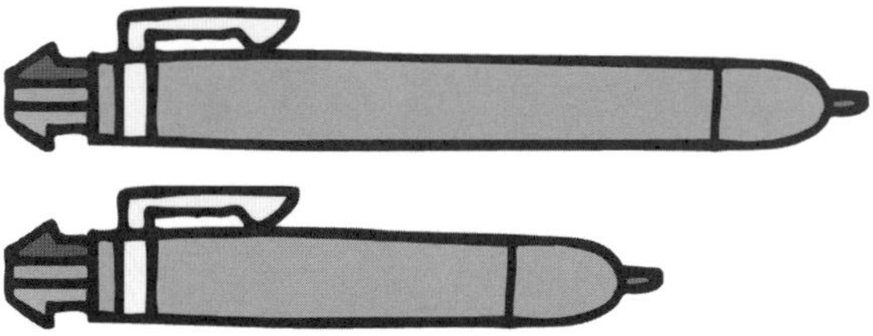

みじかい　ほうに　○を　つけましょう。

れんしゅう

(　　)
(　○　)

(　　)
(　　)

(　　)
(　　)

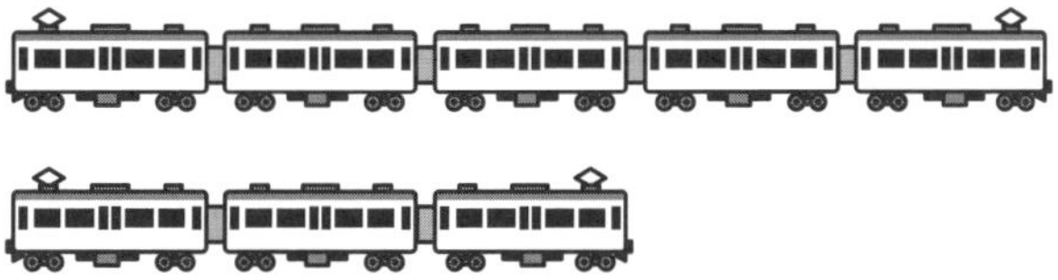

(　　)
(　　)

(　　)
(　　)

3 おおい と すくない

おおい　ほうに　○を　つけましょう。

てほん

（ ○ ）

（　　）

れんしゅう

（　　）

（　　）

（　　）

（　　）

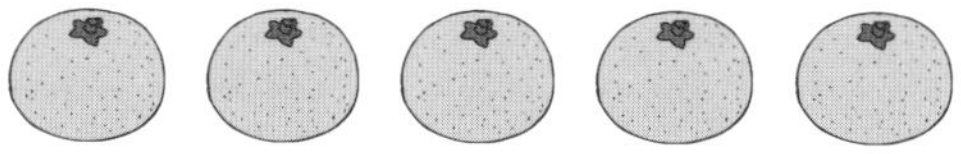
（　　）

（　　）

（　　）

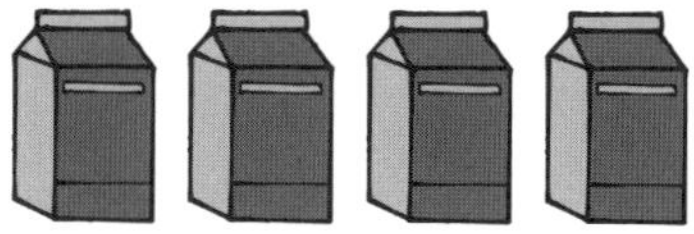
（　　）

おおい　ほうに　○を　つけましょう。

てほん

れんしゅう

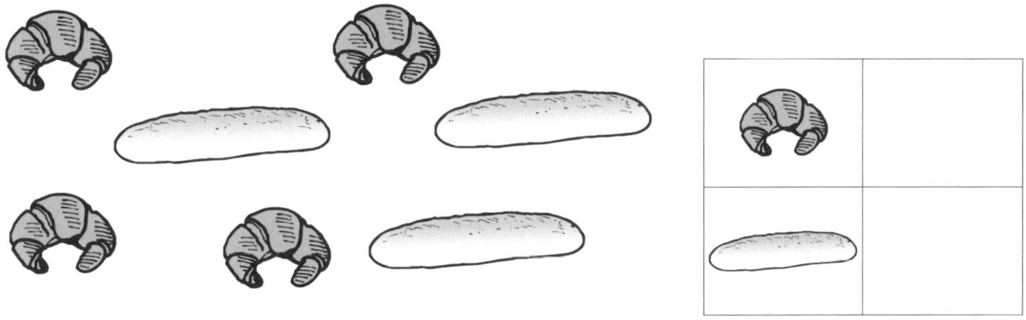

おなじ　かずを ———— で　むすびましょう。

てほん

れんしゅう

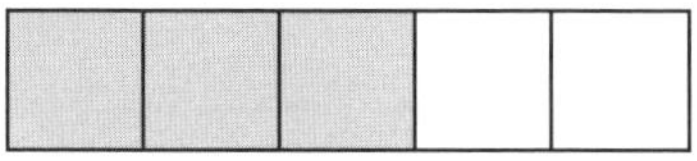

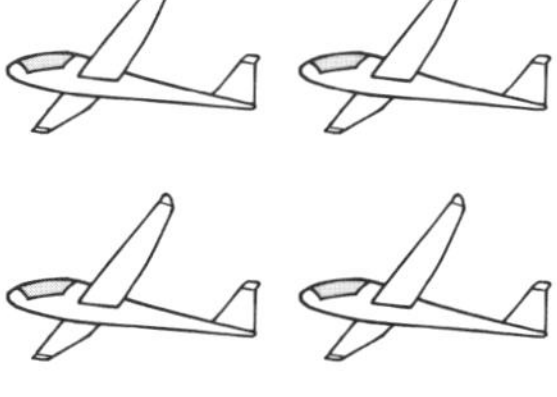

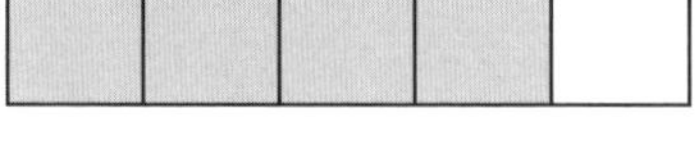

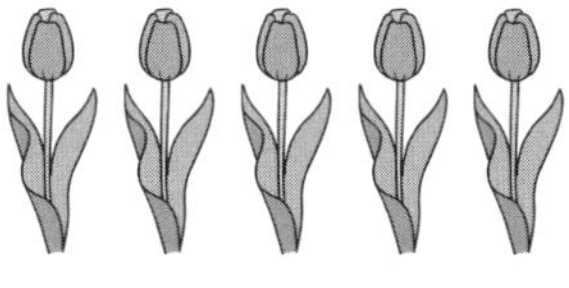

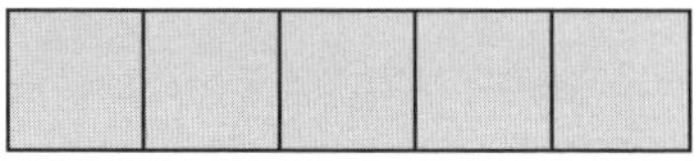

おなじ　かずを ―――――― で　むすびましょう。

てほん

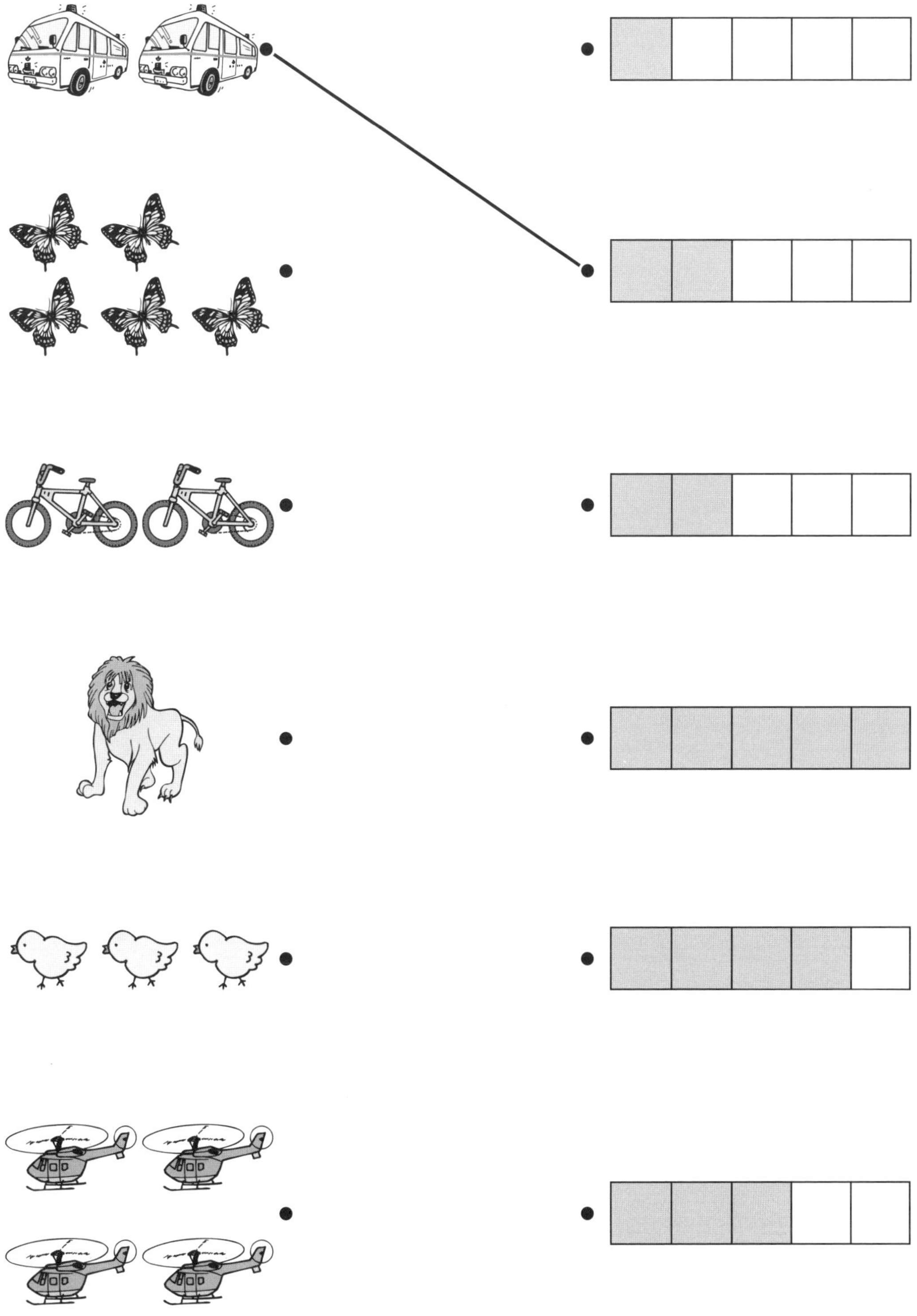

おおい　ほうに　◯を　つけましょう。

てほん

（　◯　）
（　　　）

れんしゅう

（　　　）
（　　　）

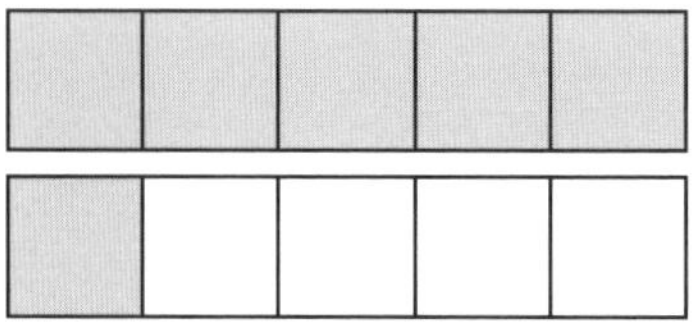

（　　　）
（　　　）

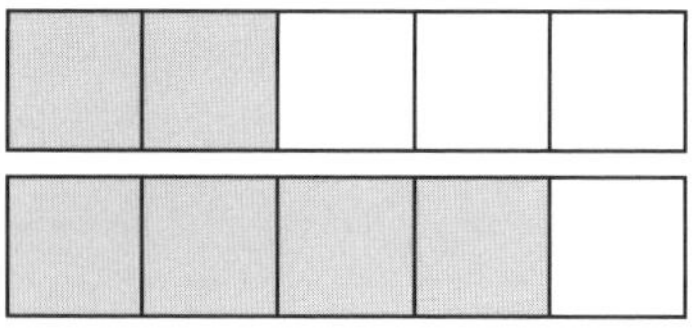

（　　　）
（　　　）

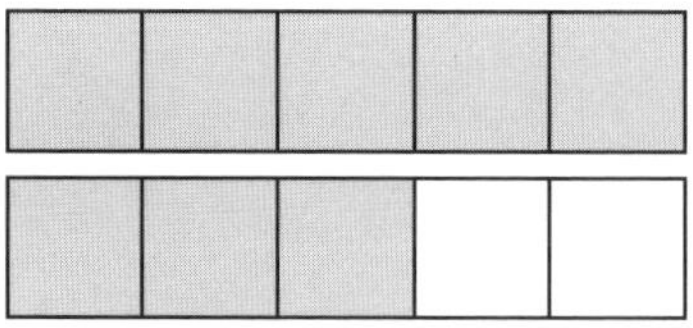

（　　　）
（　　　）

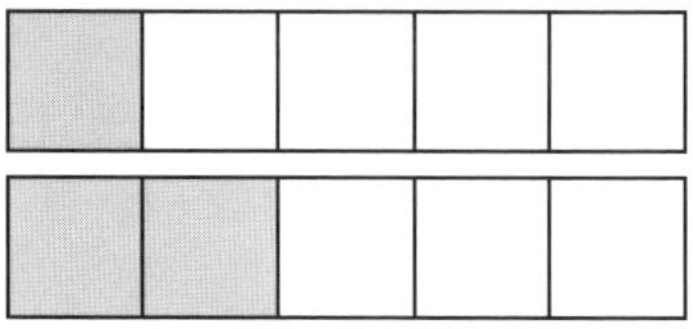

すくない　ほうに　◯を　つけましょう。

てほん

（　　　）

（　◯　）

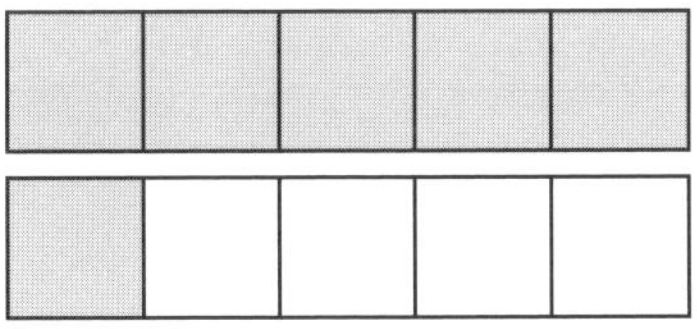

れんしゅう

（　　　）

（　　　）

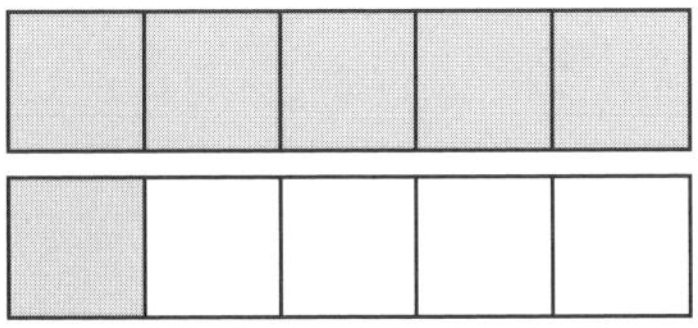

（　　　）

（　　　）

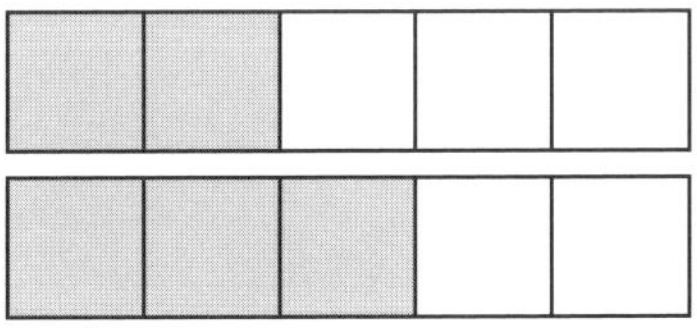

（　　　）

（　　　）

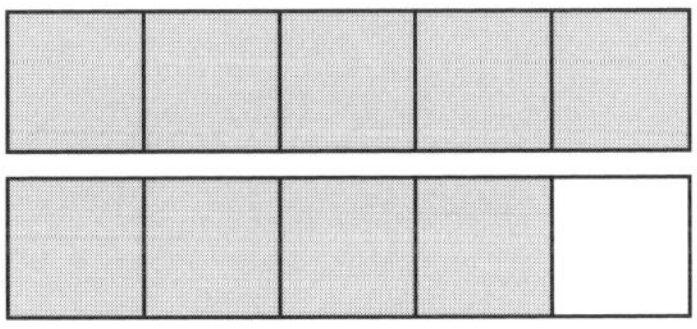

（　　　）

（　　　）

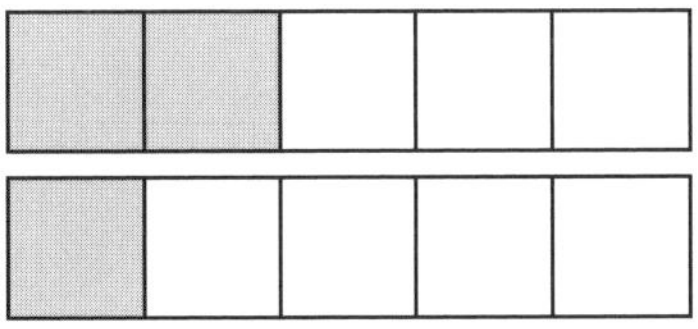

4　おぼえよう 5までの かず

えと　おなじ　かずだけ　○を　かきましょう。すうじも

よみましょう。

てほん

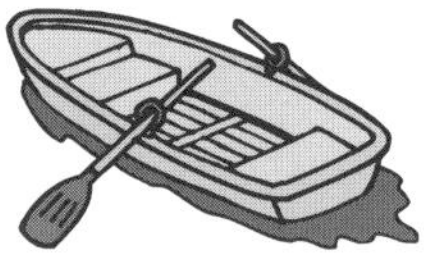

○

いち

1

に

2

さん

3

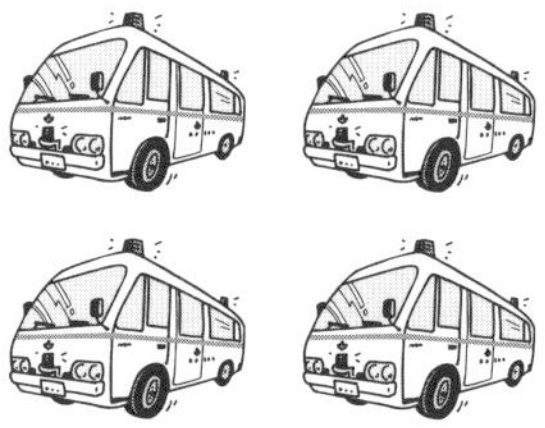

し（よん）

4

ご

5

すうじと　おなじ　かずの　ものを―――――――で
むすびましょう。

てほん

1《いち》

1《いち》

2《に》

3《さん》

4《し（よん）》

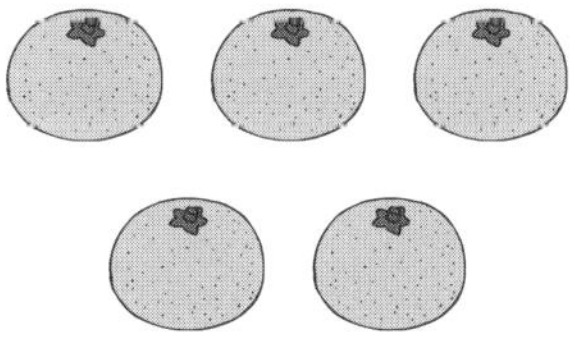

5《ご》

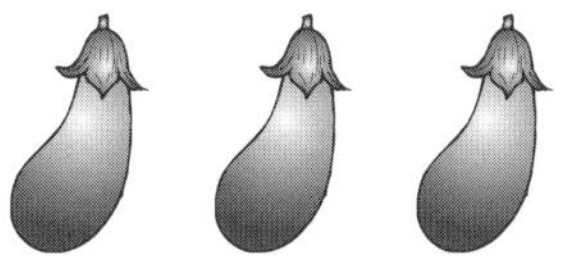

すうじの　かきかたを　おぼえましょう。（1から5）

1

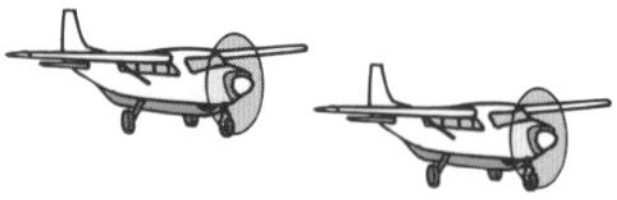

2

3

1 2
4

1 2
5

なかまごとの　かずを　かぞえて、すうじで　かきましょう。

てほん

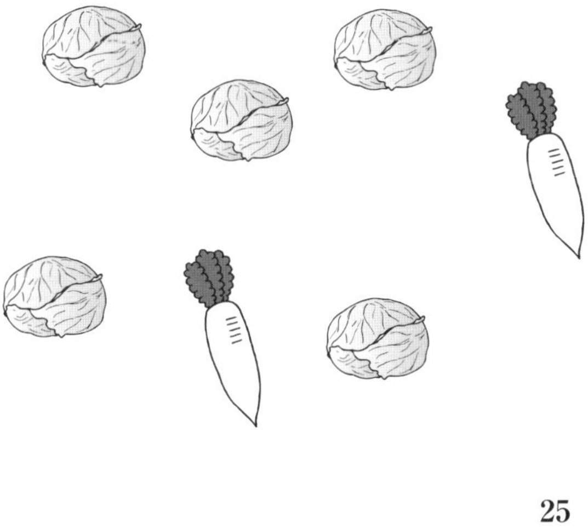

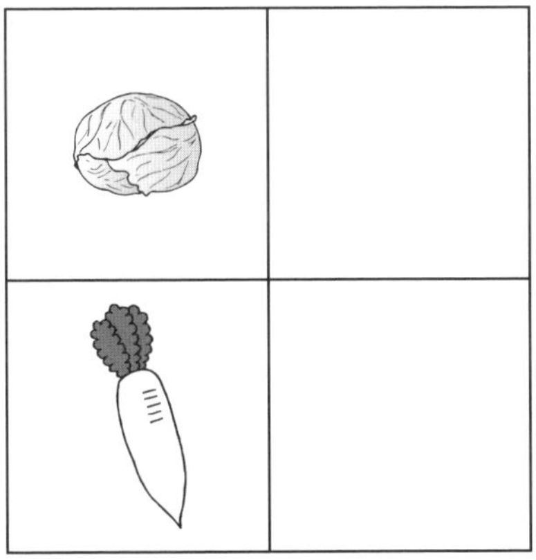

ひだりの　えと　おなじ ものを　○で かこんで　かぞえましょう。

かぞえた　かずを　みぎの　□に　かきましょう。

てほん

2

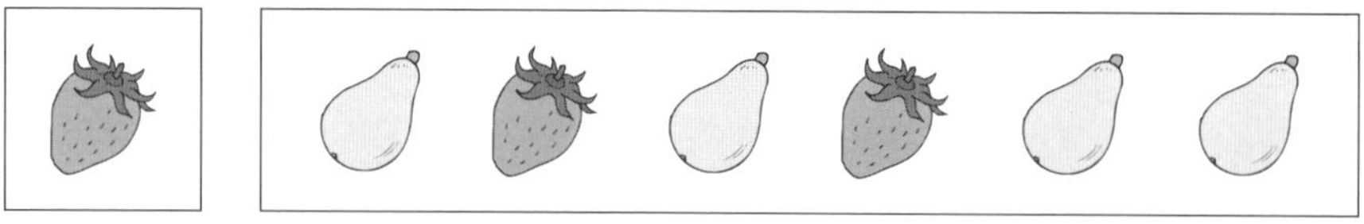

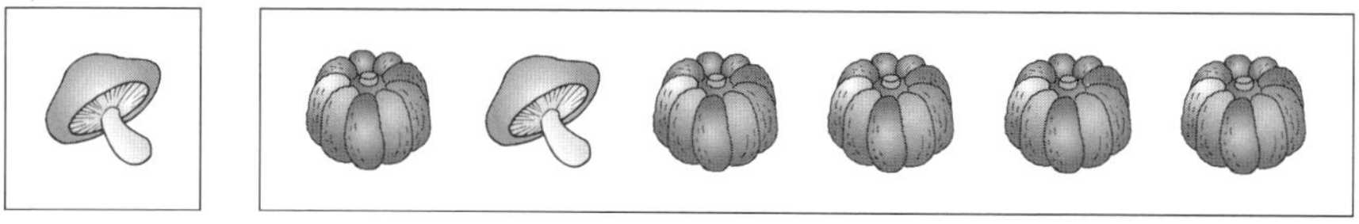

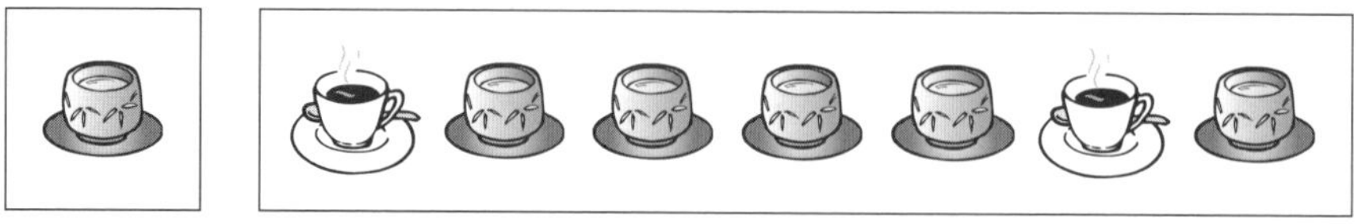

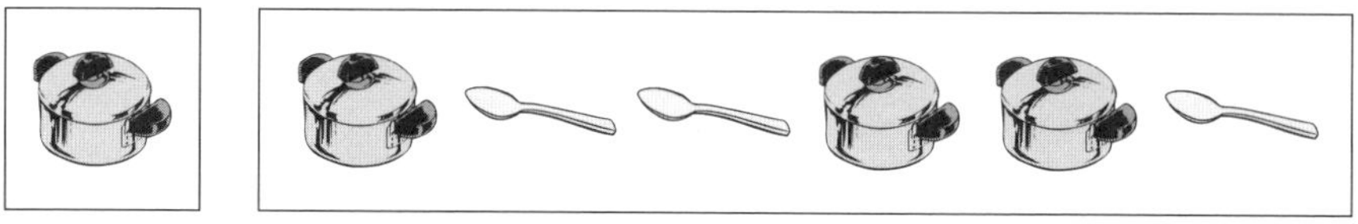

5　いくつと　いくつで　5かな？

□の　タイル《たいる》と　あわせて　5に　なる　ように　○を

かきましょう。

いくつと　いくつで　5に　なるか　かずを　かきましょう。

てほん

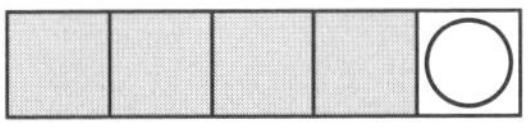

4　と　1

れんしゅう

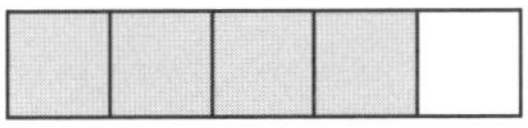

□　と　□

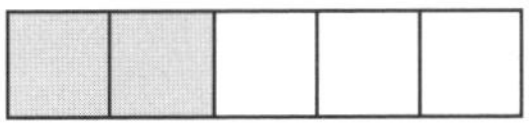

□　と　□

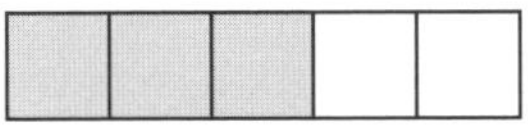

□　と　□

□　と　□

おはじきが　ぜんぶで　5こ　あります。かんの　なかには

なんこ　はいって　いますか。

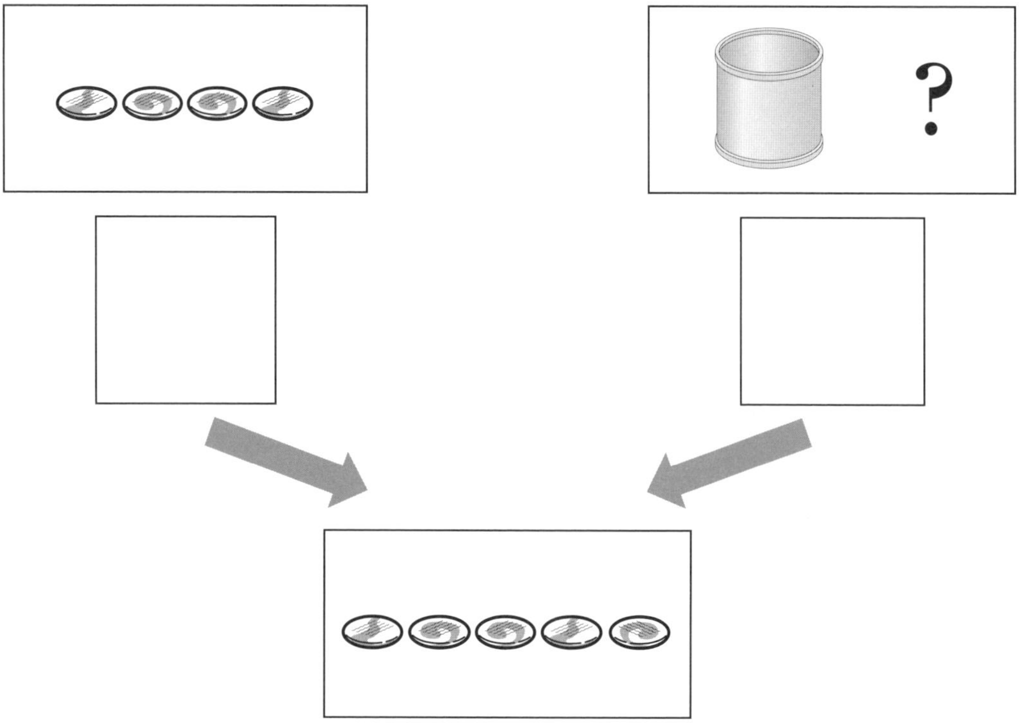

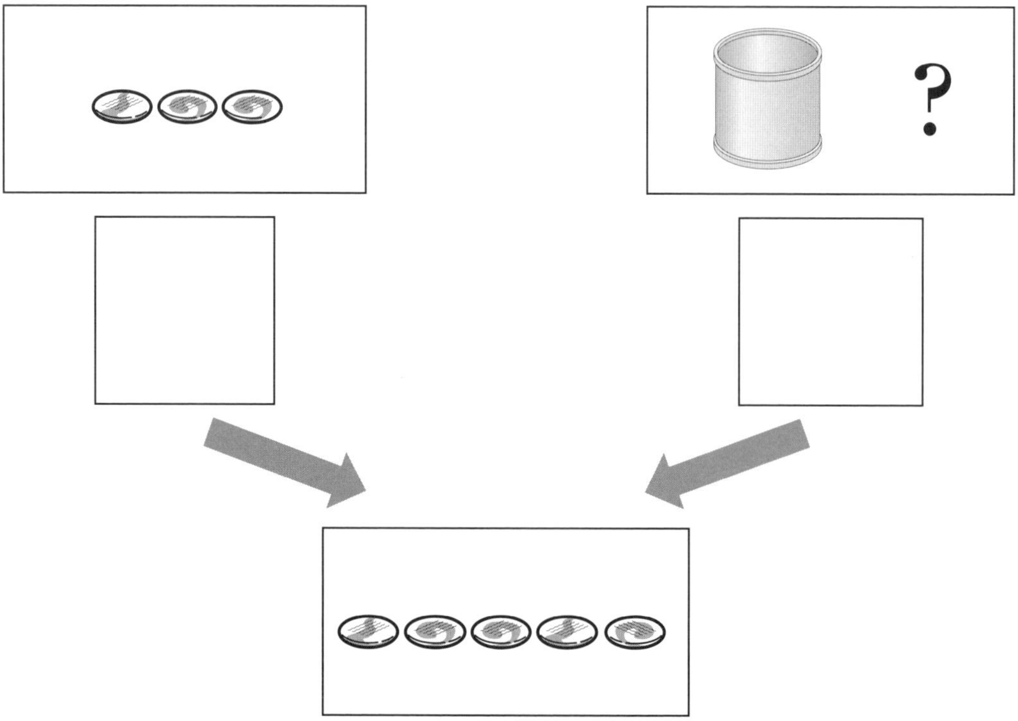

（つづき）

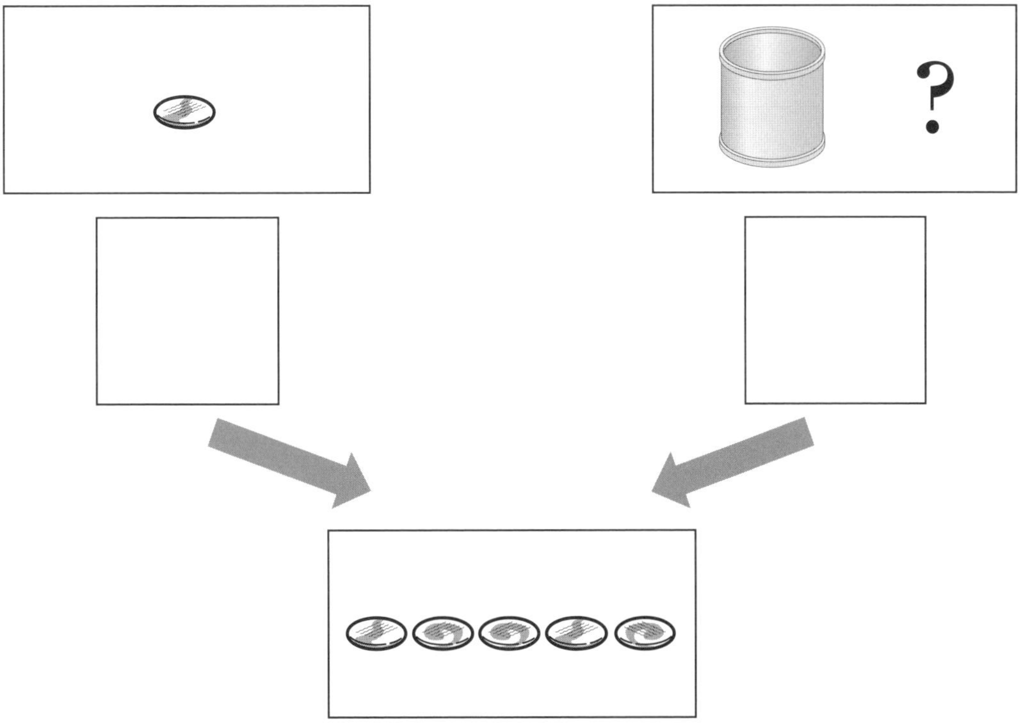

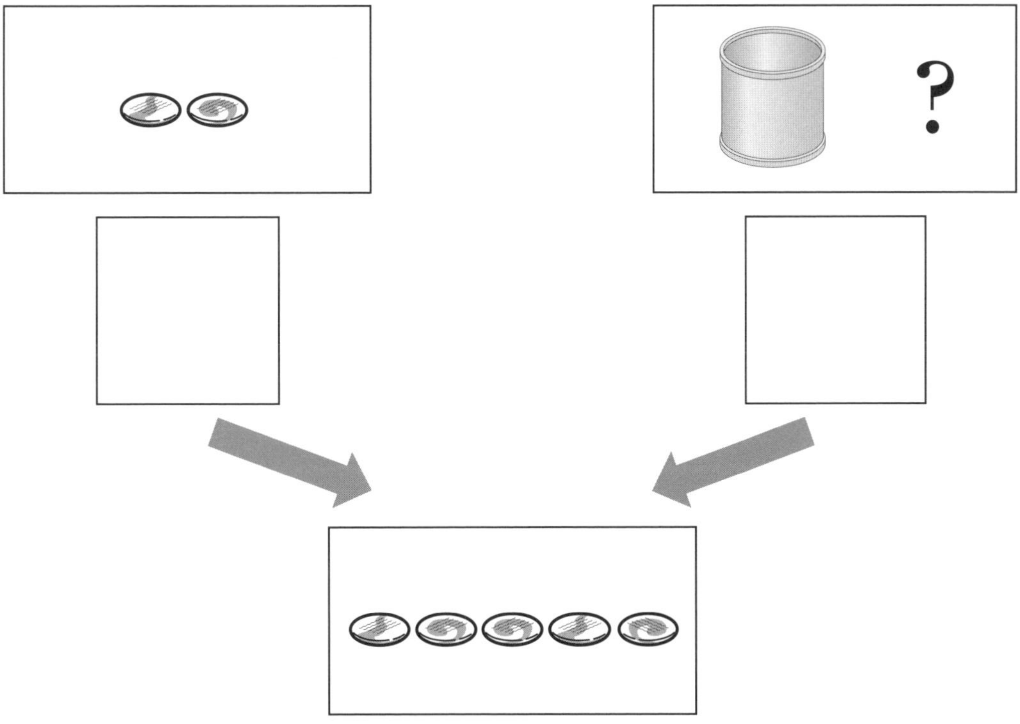

6　おぼえよう 10までの かず

えと　おなじ　かずだけ　○を　かきましょう。

すうじも　よみましょう。

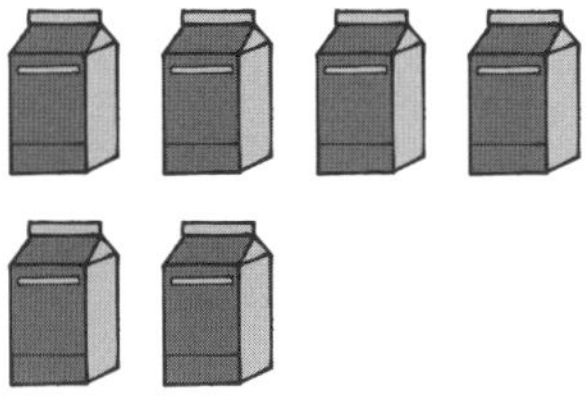

ろく

6

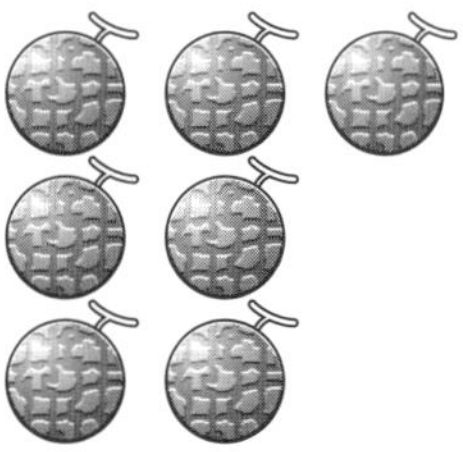

しち(なな)

7

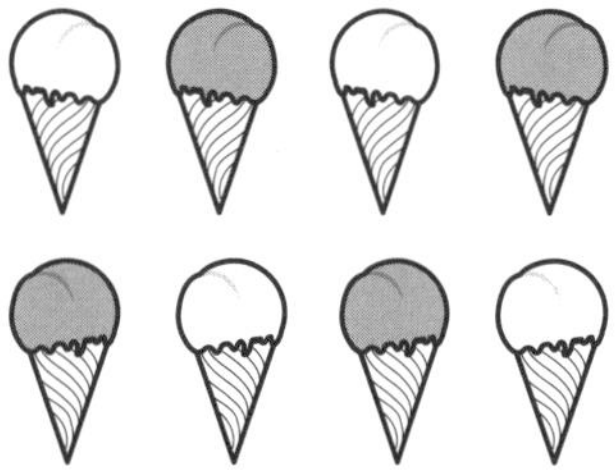

はち

8

きゅう(く)

9

じゅう

10

すうじの　かきかたを　おぼえましょう。(6から10)

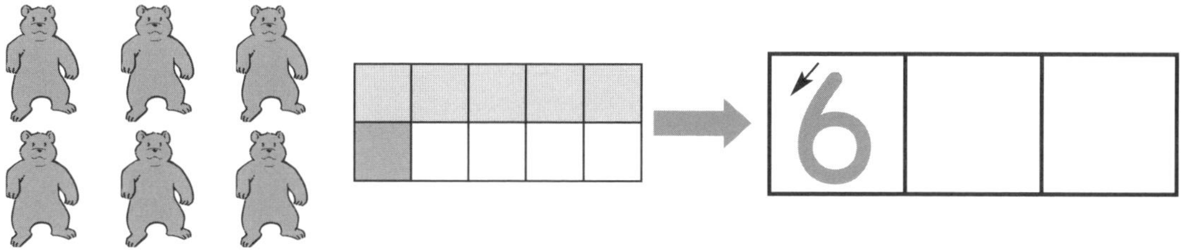

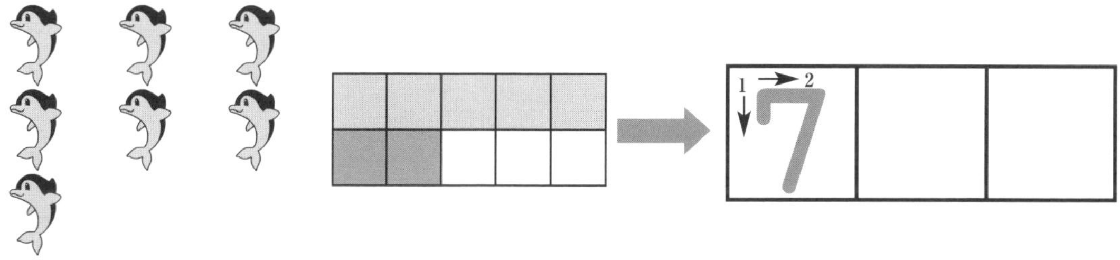

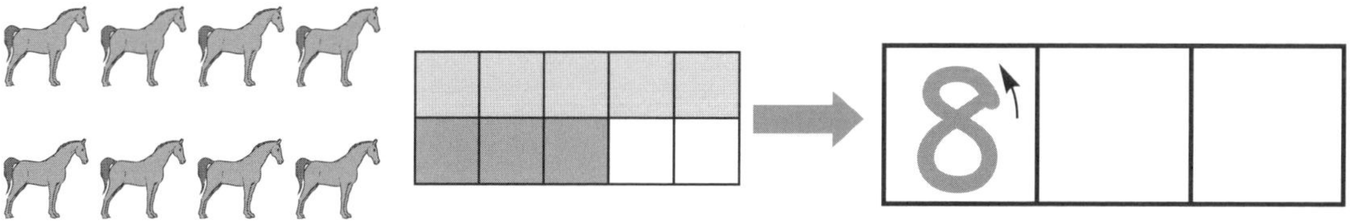

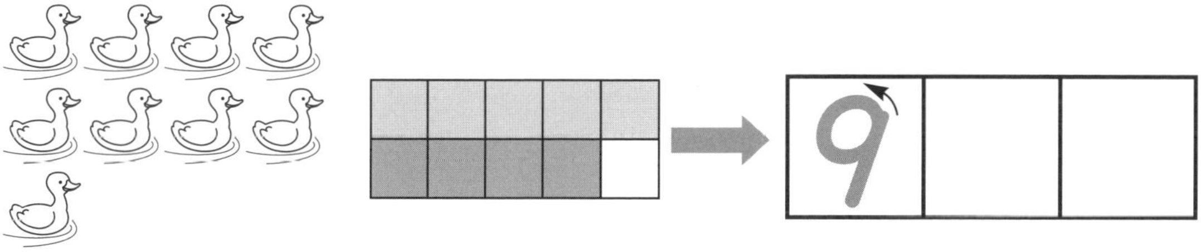

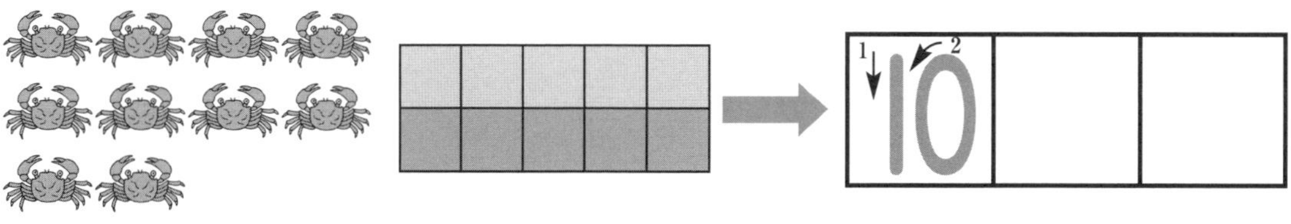

おなじ　かずの　ものを ――――――― で

むすびましょう。□の　なかに、かずを　かきましょう。

てほん

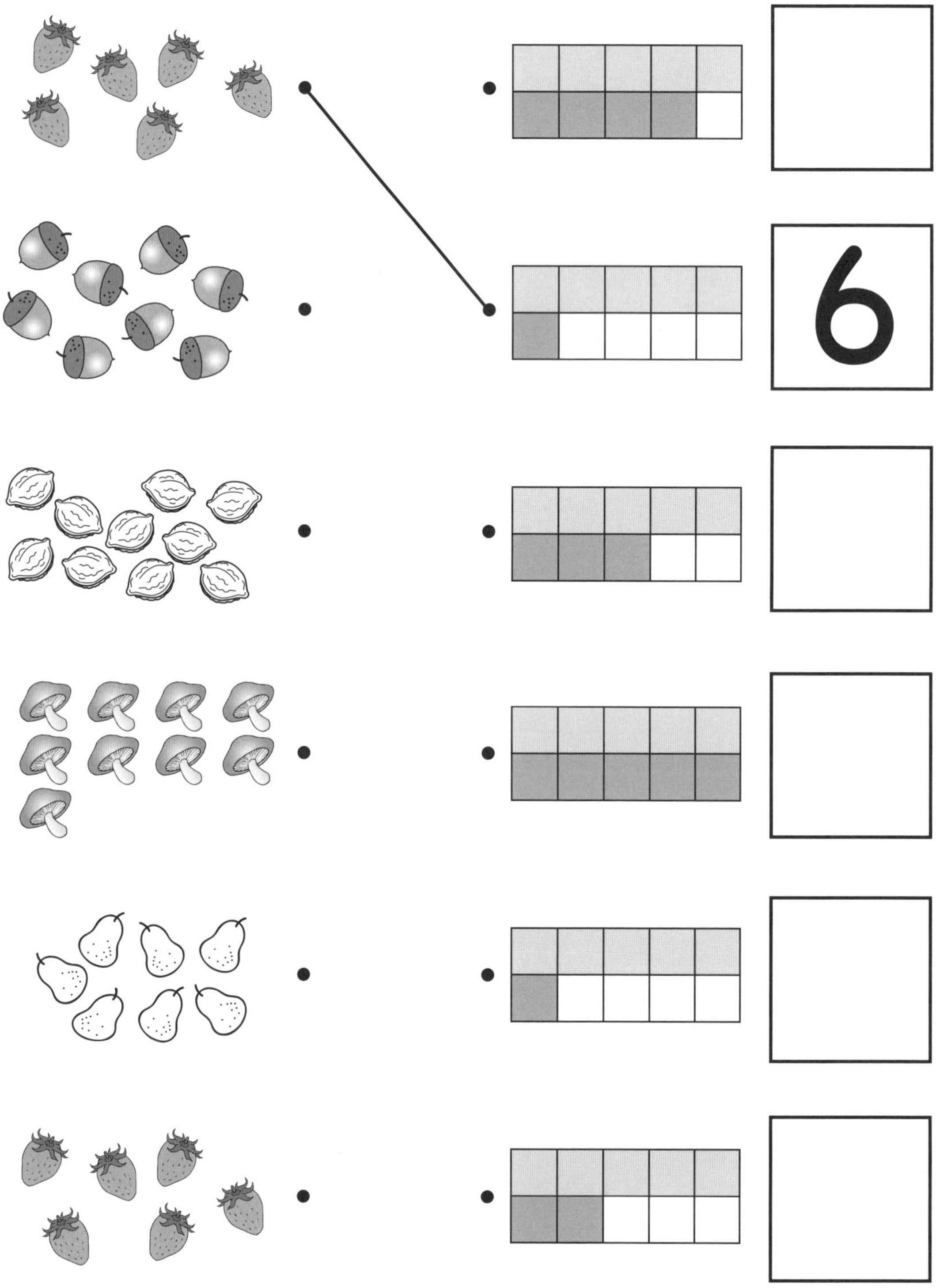

7　5と いくつ

あわせた　かずだけ　○を　かきましょう。かずも　かきましょう。

てほん

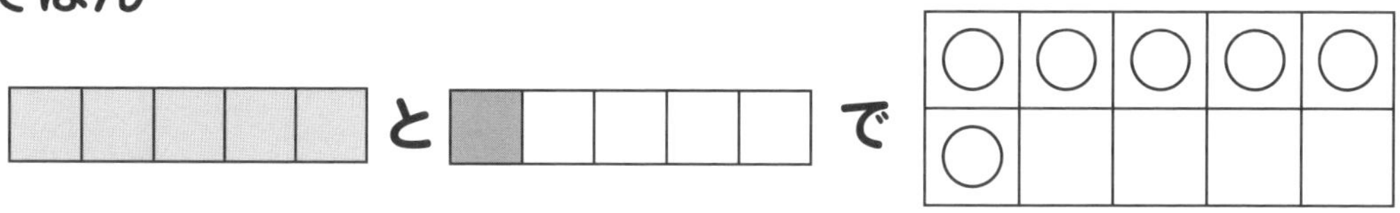

5　と　1　で　6

れんしゅう

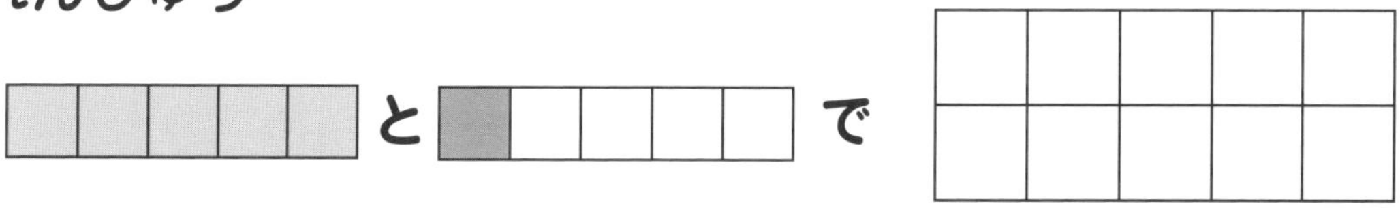

□　と　□　で　□

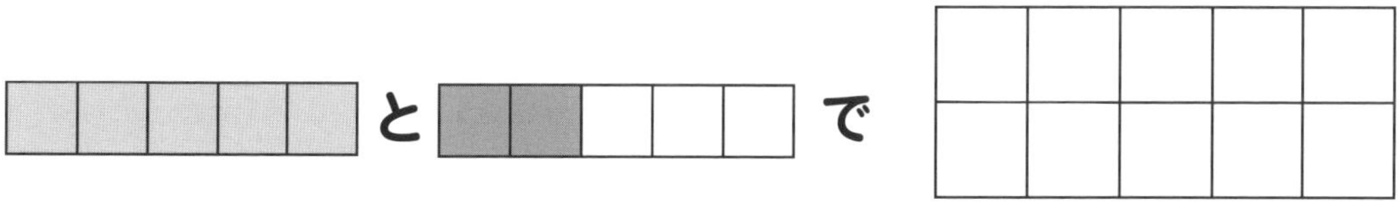

□　と　□　で　□

（つづき）

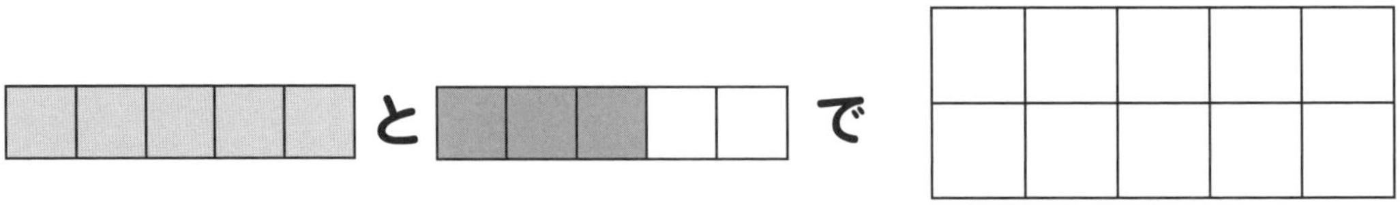

□ と □ で □

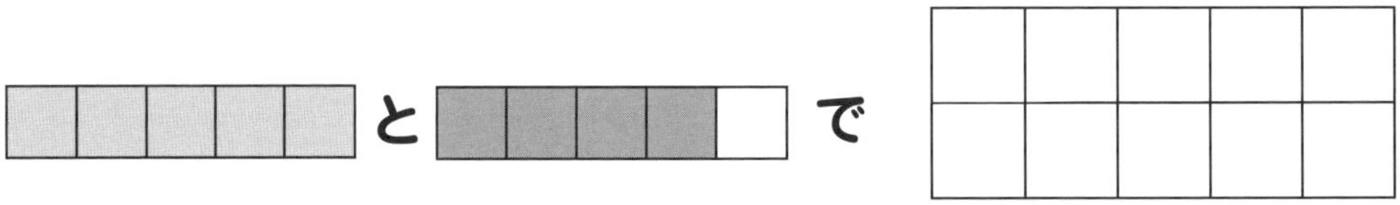

□ と □ で □

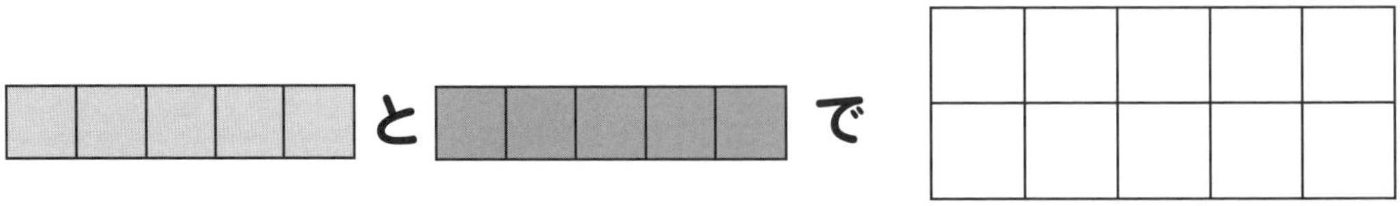

□ と □ で □

あと　いくつで　ひだりの　かずに　なりますか。

たりない　○と　かずを　かきましょう。

てほん

6　○○○○○○□□□□

5　と　1

れんしゅう

6　○○○○○□□□□□

5　と　□

7　○○○○○□□□□□

5　と　□

8

○	○	○	○	○					

5 と □

9

○	○	○	○	○					

5 と □

10

○	○	○	○	○					

5 と □

ふくろの　なかに　クッキー《くっきい》が　5まい　はいって　います。

ばらの　クッキー《くっきい》と　あわせて　なんまい　ありますか。

てほん

と  で **6** まい

れんしゅう

 と 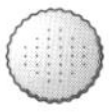 で □ まい

 と 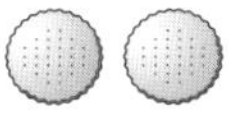 で □ まい

 と  で □ まい

 と 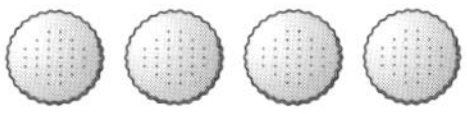 で □ まい

 と  で □ まい

8 あと いくつで 10？

つみきが　10こ　あります。ひだりの　はこと　みぎの　はこに　わけます。みぎの　はこには　なんこ　はいりますか。

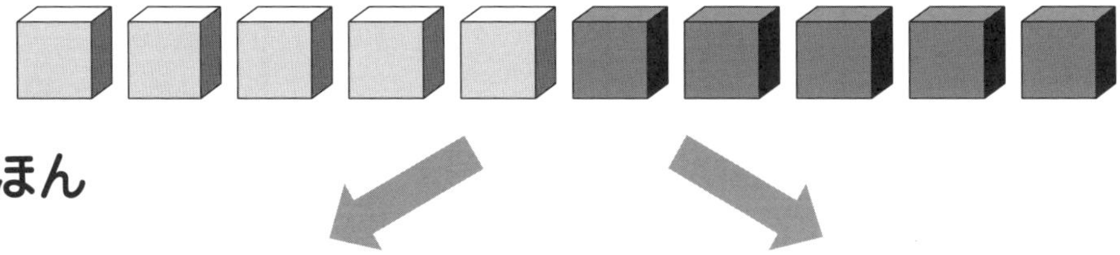

てほん

ひだりの　はこ	みぎの　はこ
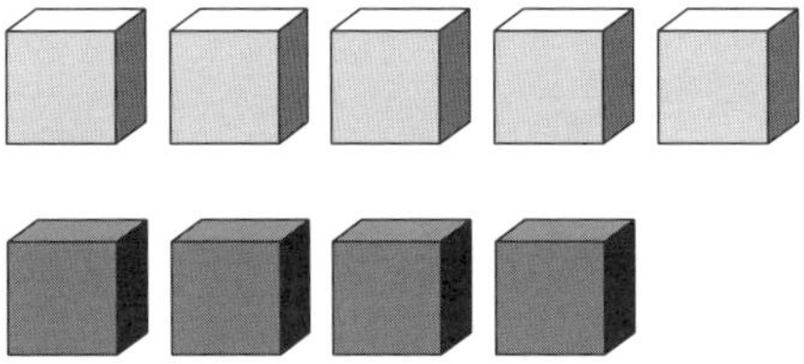	1 こ
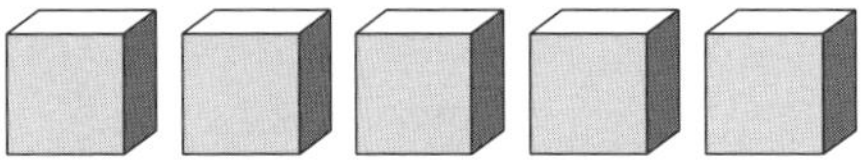	□ こ
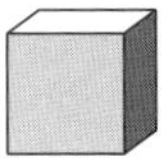	□ こ
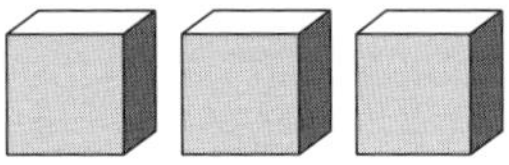	□ こ

（つづき）

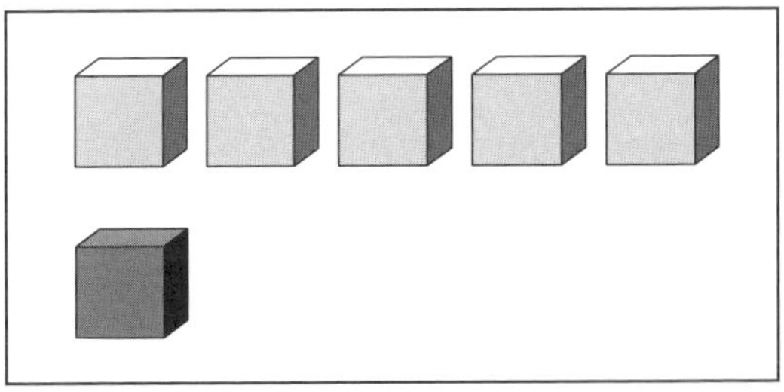

□ こ

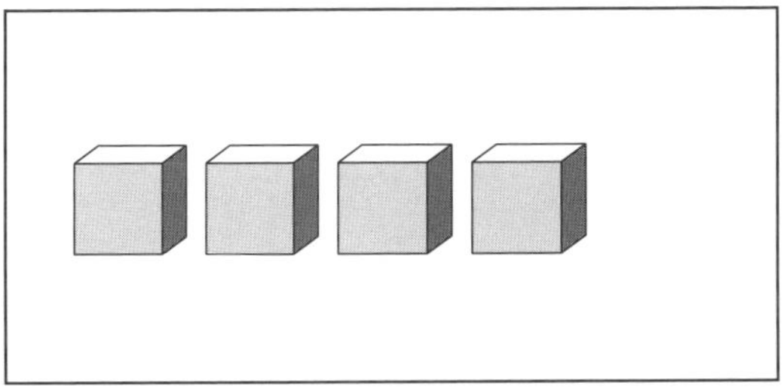

□ こ

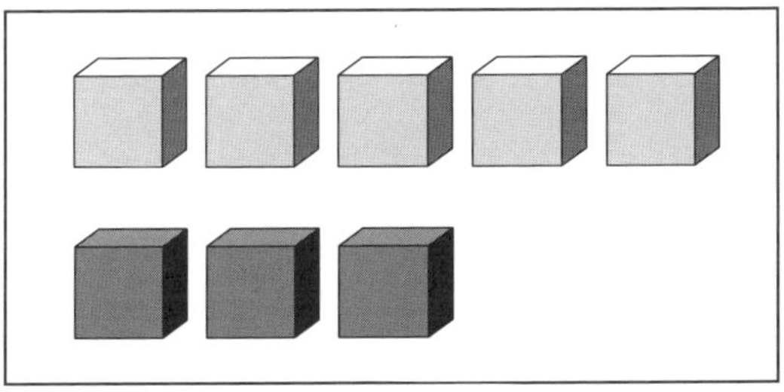

□ こ

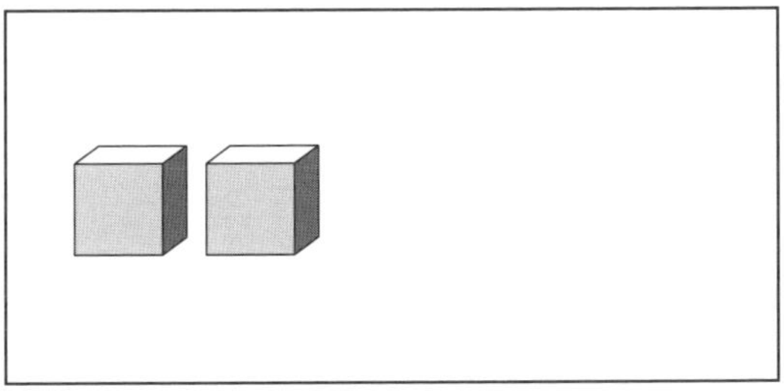

□ こ

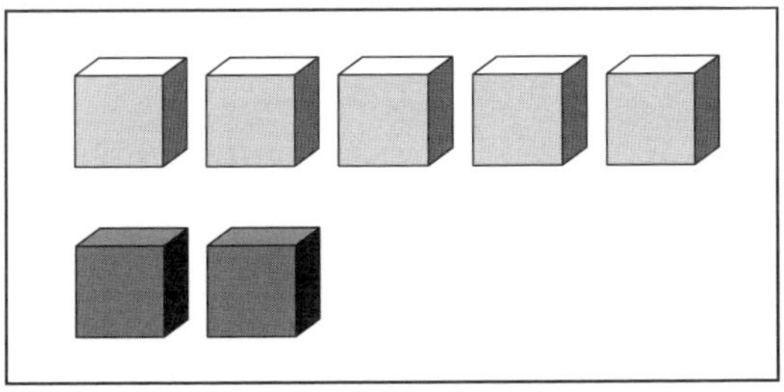

□ こ

10りょう　ある　でんしゃが　はやしを　でてきました。

はやしの　なかに　まだ　なんりょう　ありますか。

りょう

りょう

りょう

りょう

りょう

9　なんばんめの　かず

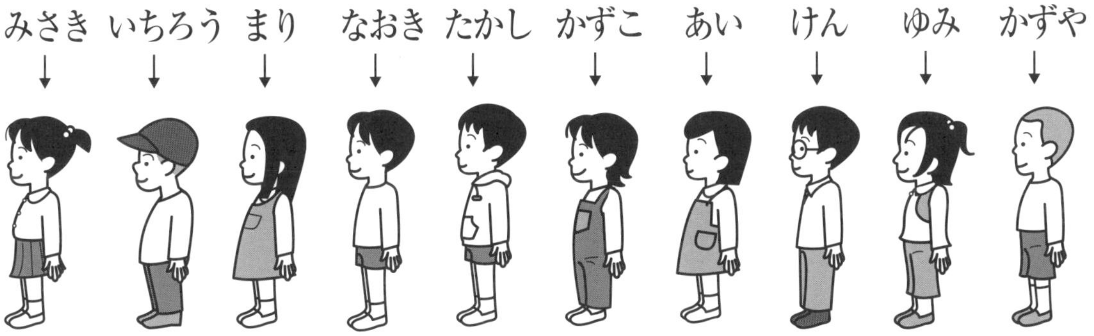

おともだちは　なんにん　いますか。かぞえて　かきましょう。

にん

いちばん　まえは　だれですか。

いちばん　うしろは　だれですか。

まえから　4ばんめは　だれですか。

たかしくんは　まえから　なんばんめですか。

ばんめ

かずこさんは　うしろから　なんばんめですか。

ばんめ

ひろきくんは、おみせに　きました。たなに　いろいろな

ものが　あります。

いぬは　うえから　なんばんめですか。

ばんめ

くるまは　したから　なんばんめですか。

ばんめ

うえから　4ばんめは　なんですか。

おともだちが　ならんでいます。

ひだりから　3ばんめの　おともだちを　○で　かこみましょう。

てを　あげて　いるのは　ひだりから　なんばんめの

ひとですか。

ばんめ

みんなの　おどうぐばこが　ならんでいます。

は　な　こ	あ　き　お	み　ち　こ	しょうじ	ひ　と　し
り　　か	た　ろ　う	は　る　お		ゆ　う　こ
		か　ず　お	や　す　お	ま　ゆ　み
あ　き　ら	み　ゆ　き	つ　ば　さ	み　つ　る	ゆ　　り

うえから　2だんめ　ひだりから　2ばんめは　だれですか。

うえから　3だんめ　ひだりから　3ばんめは　だれですか。

なまえの ない　おどうぐばこに　つぎの なまえを　かきましょう。

てほん あ　き　お　いちばん　うえの　ひだりから　2ばんめ

と　も　こ　うえから　3だんめ　いちばん　ひだり

ま　さ　と　うえから　2だんめ　ひだりから　4ばんめ

た　く　や　うえから　3だんめ　ひだりから　2ばんめ

10　10えんまでの　おかね

ひだりの　おかねと　おなじ　きんがくに　なる　ように

で　かこみましょう。

てほん	
⑤	①①①①①①①①①①

れんしゅう

⑤	①①①①①①①①①①
⑤①①	①①①①①①①①①①
⑤①①①①	①①①①①①①①①①

(つづき)

⑩	① ① ① ① ① ① ① ① ① ①

⑩	⑤ ① ① ① ① ① ① ① ①

⑩	⑤ ⑤ ⑤ ① ① ① ①

きよしくんは　10えんの　クッキー《くっきい》を　かいたいと　おもって　います。かえる　おさいふに　○、かえない　おさいふに　×を　つけましょう。

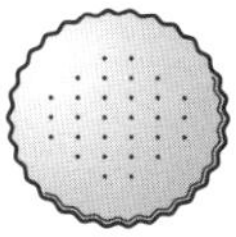

10えん

てほん

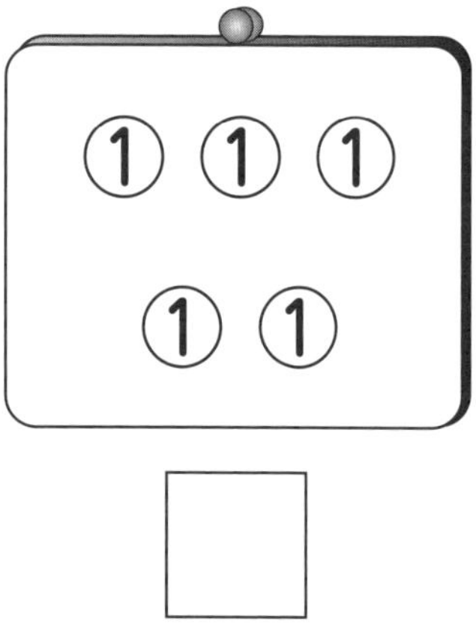

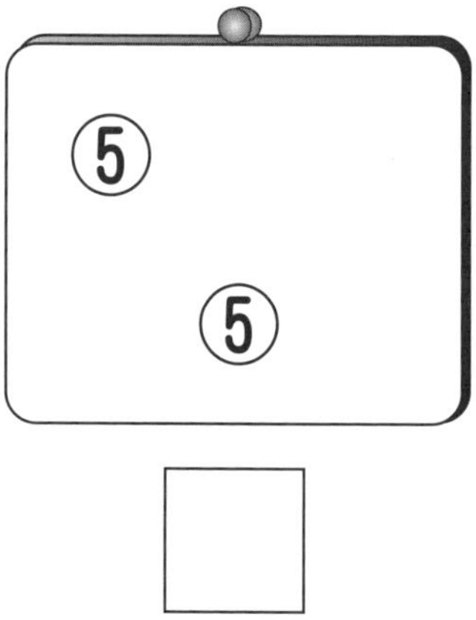

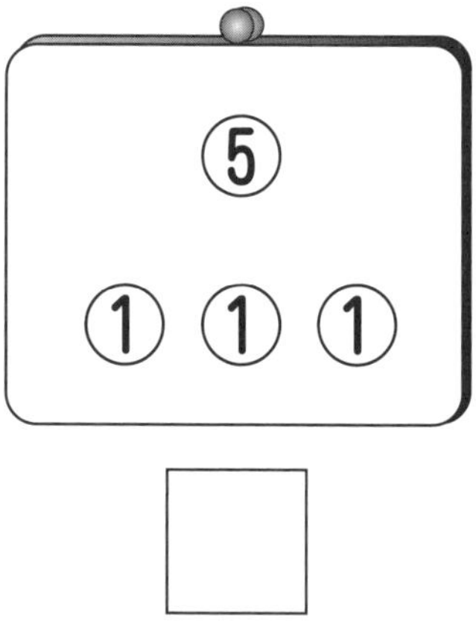

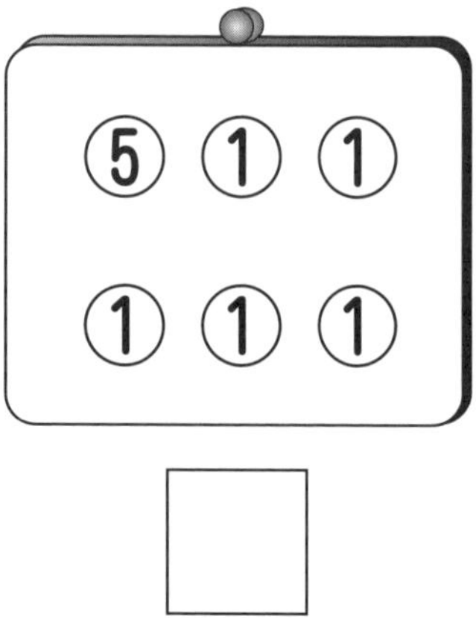

ひろみさんは　7えんの　おりがみを　かいたいと　おもって

います。おつりを　もらえる　おさいふに　○を　つけましょう。

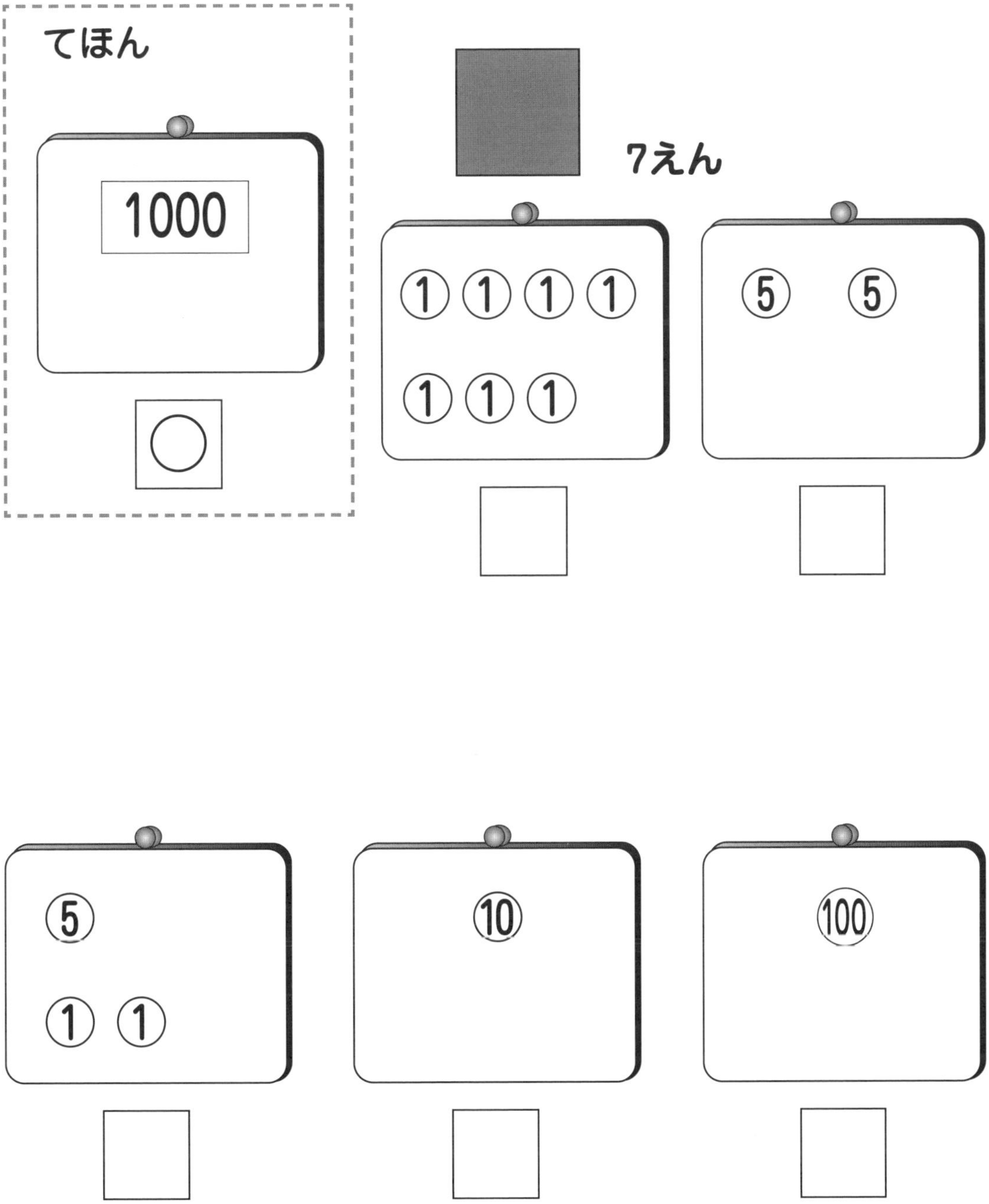

11　1より ちいさい かず

たかしくんは　クッキー《くっきい》を　たべます。　おさらの　うえの
クッキー《くっきい》を　かぞえて　みましょう。

おさらに □ まい

1まい　たべました。

おさらに □ まい

もう　1まい　たべました。

おさらに □ まい

もう　1まい　たべました。

おさらに □ まい

5にんの　おともだちが　どんぐりを　あつめました。

それぞれ　なんこ　あつめたか　□に　かきましょう。

いちろう　　みゆき　　ゆうき　　まさみ　　りょうこ

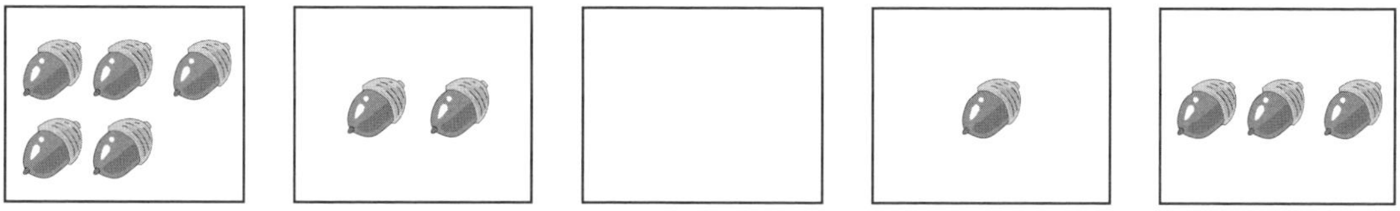

□こ　□こ　□こ　□こ　□こ

いちばん　おおく　あつめたのは　だれですか。

□

いちばん　すくなかったのは　だれですか。

□

3こより　すくなかった　ひとを　ぜんいん　かきましょう。

□

いちろうくんが　ゆうきくんに　1こ　わけて　あげます。

ゆうきくんは　なんこに　なりますか。　□こ

いちろうくんは　なんこに　なりますか。　□こ

5にんの　おともだちが　きんぎょすくいを　しました。

ひとし　まゆみ　じろう　れいこ　さとみ

すくった　かずを　かきましょう。

ひとし　まゆみ　じろう　れいこ　さとみ

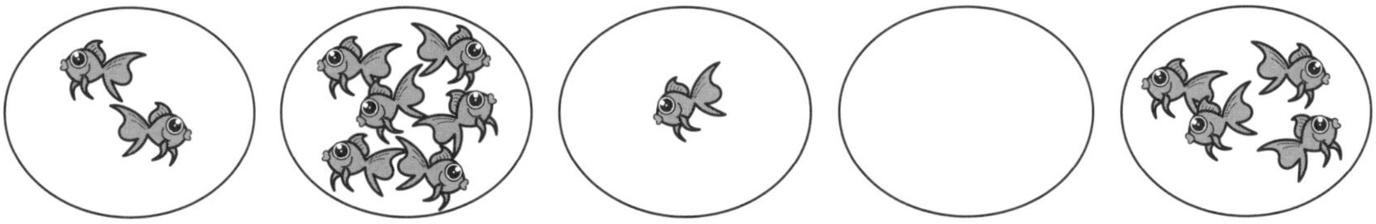

ひき　ひき　ひき　ひき　ひき

おおく　すくった　じゅんに　なまえを　かきましょう。

・　・　・　・

5ひきより　たくさん　すくったのは　だれですか。

2ひきより　すくなかった　ひとを　ぜんいん　かきましょう。

まゆみさんが　れいこさんに　1ぴき　あげます。

れいこさんは　なんびきに　なりますか。

ひき

12　かずの　つながり　0から 10

じゅんばんに　つなぎましょう。

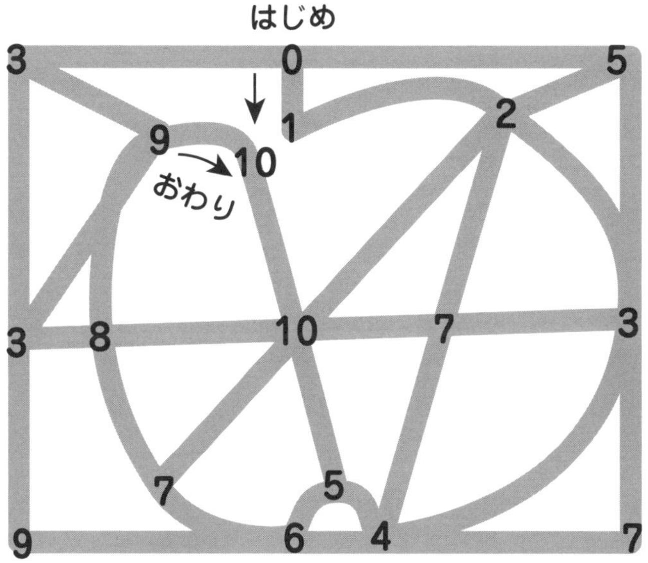

できた　もの

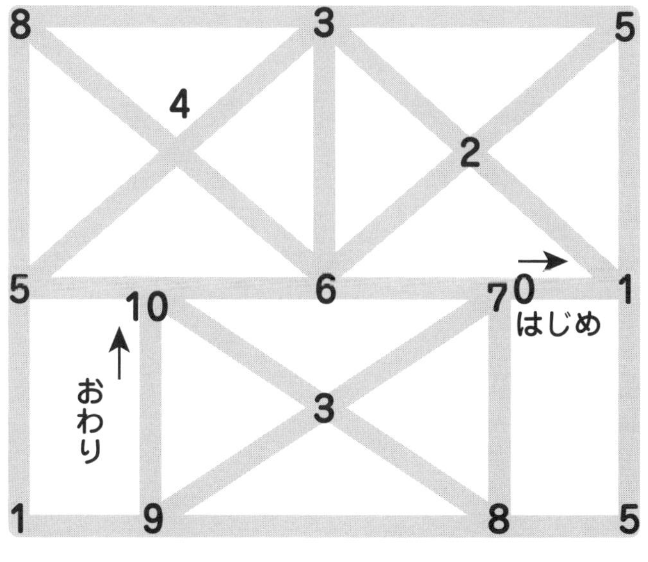

できた　もの

じゅんばんに　とんで　おともだちの　ところまで

いきましょう。

れんしゅう

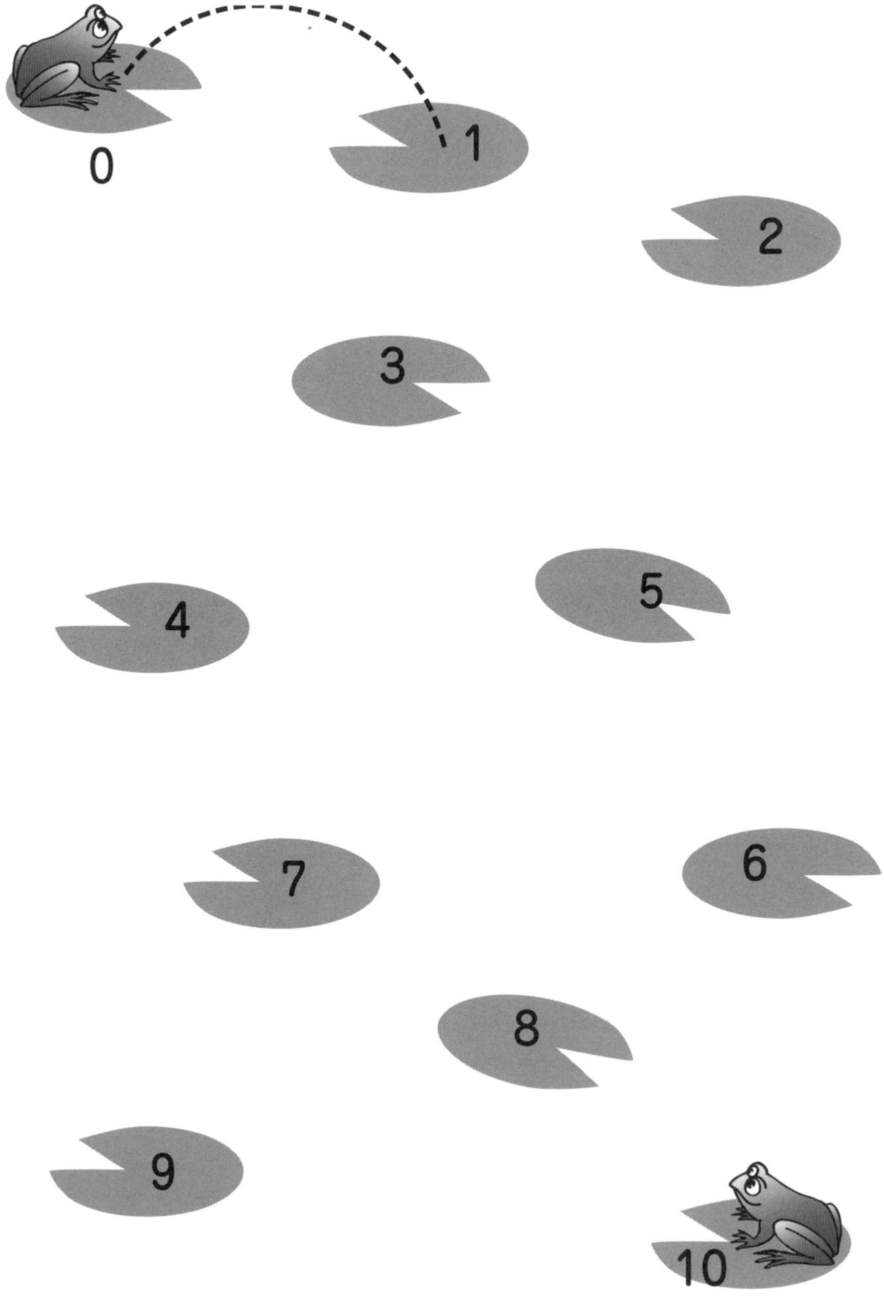

あいて　いる　ところに　かずを　かきましょう。

○−1−○−3−4−○−6−7−○−9−○

3の　つぎは　いくつですか。 □

6の　つぎは　いくつですか。 □

9の　つぎは　いくつですか。 □

10の　ひとつ　まえは　いくつですか。 □

5の　ひとつ　まえは　いくつですか。 □

1の　ひとつ　まえは　いくつですか。 □

13 かずの　おおきさ　0から　10

かずの　おおきい　ほうを　とおって　バナナ《ばなな》の　ところへ

いきましょう。

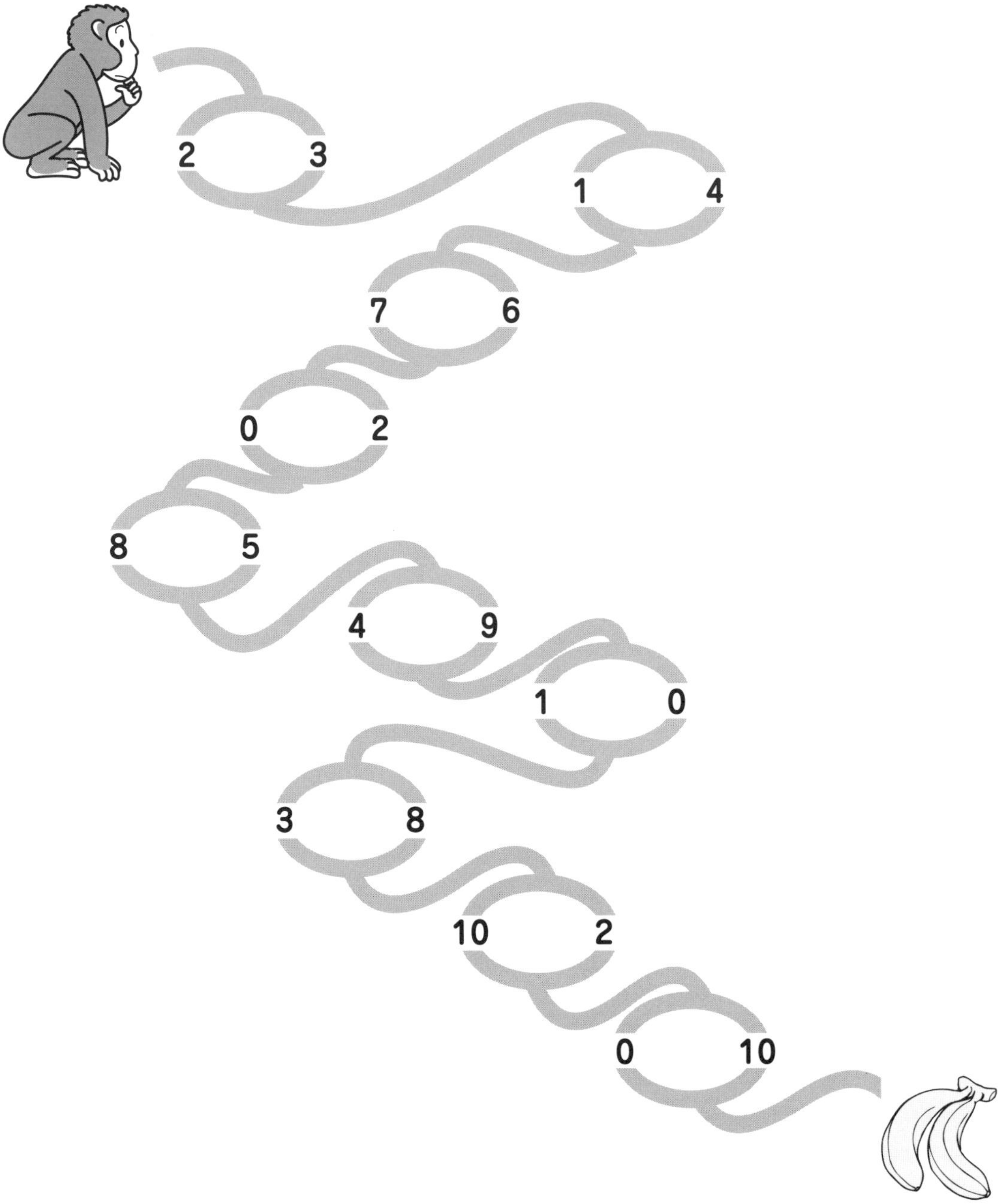

あと　いくつで　10に　なるか　○を　かきましょう。

□に　かずを　かきましょう。

てほん

9　　1

れんしゅう

9

7

5

3

1

0

あわせて　10に　なる　ように　せんで　むすびましょう。

てほん

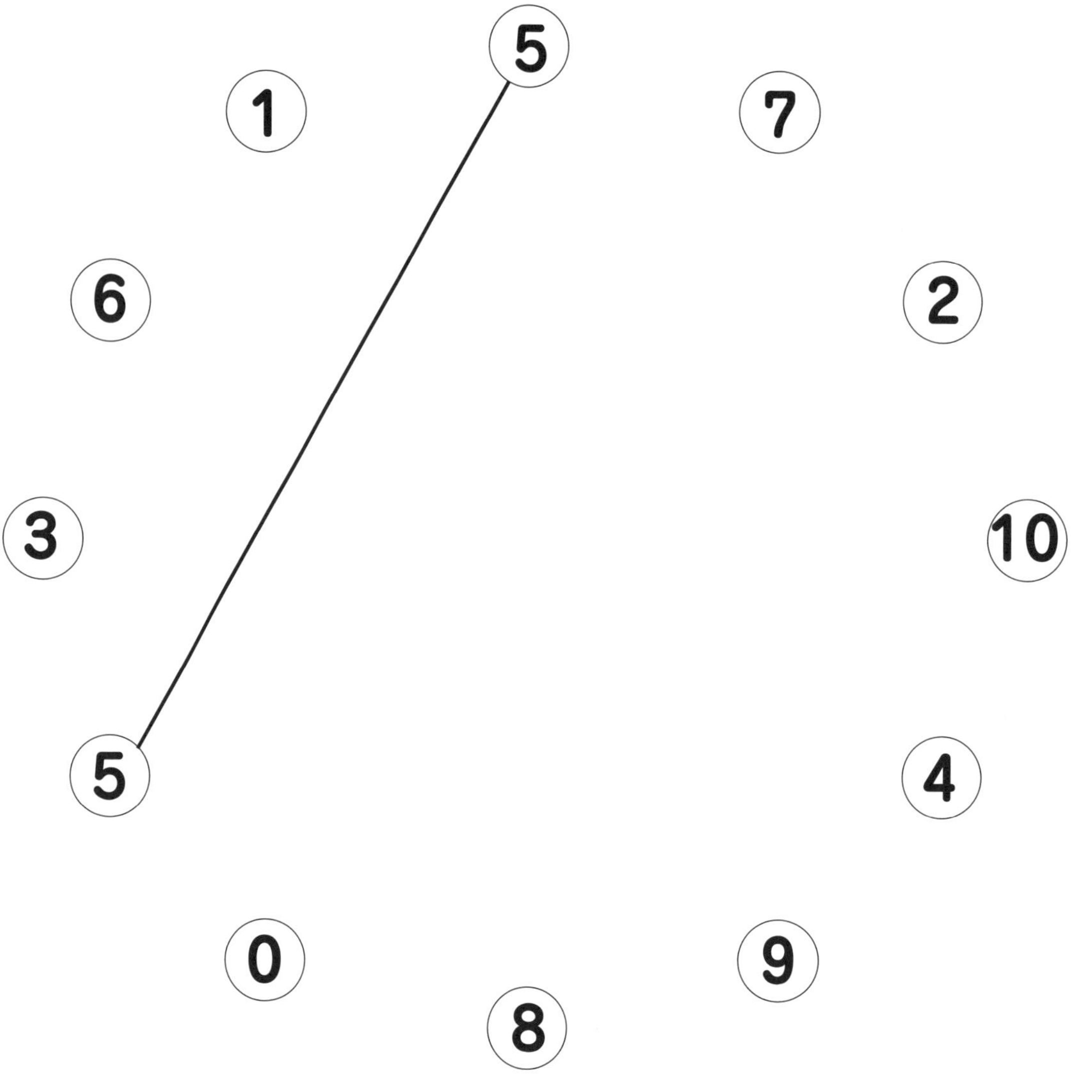

14　たしざんの れんしゅう

つぎの　ように、たしざんの　れんしゅうを　しましょう。

てほん

	＋		＝	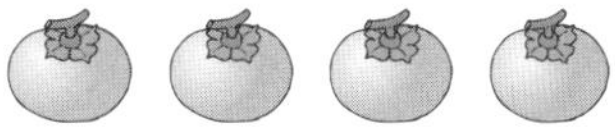
○○○	＋	○	＝	○○○○
3	＋	1	＝	4

れんしゅう

	＋		＝	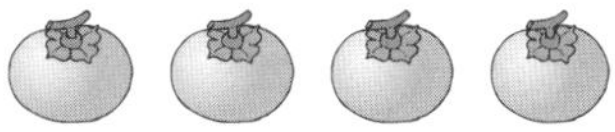
	＋		＝	
	＋		＝	

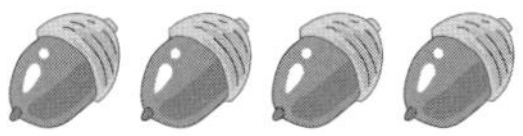	＋		＝	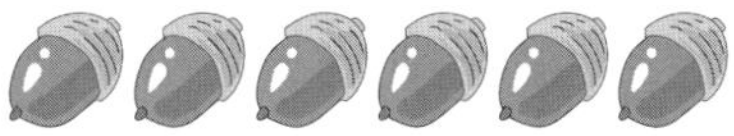
	＋		＝	
	＋		＝	

てほん

○ + △△ = ○△△

1 + 2 = 3

れんしゅう

+ =

+ =

+ =

+ =

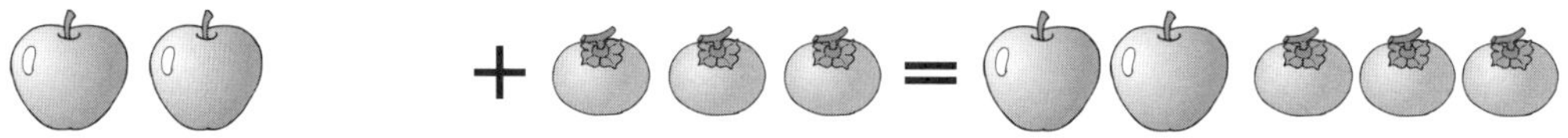

+ =

+ =

てほんの　ように　たしざんを　しましょう。

てほん

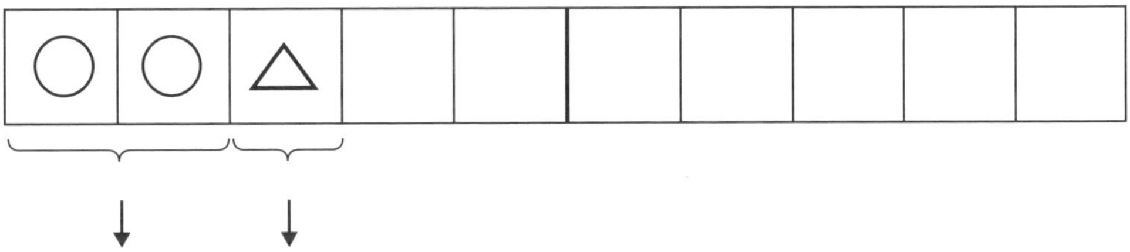

2 ＋ 1 ＝ 3

れんしゅう

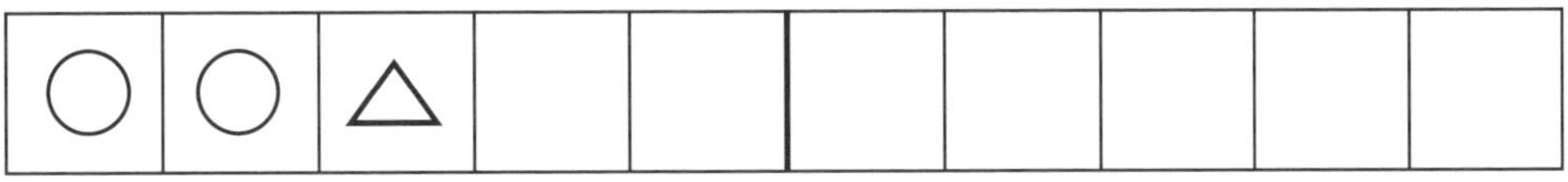

2 ＋ 1 ＝

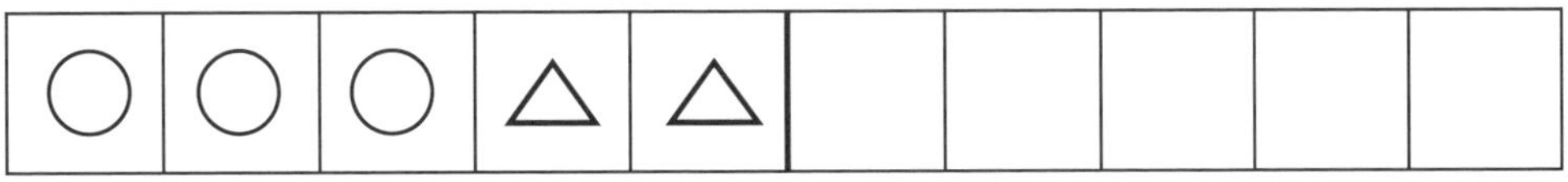

3 ＋ 2 ＝

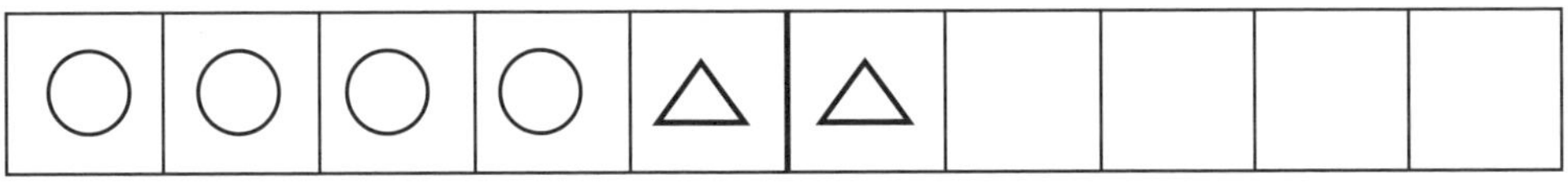

4 ＋ 2 ＝

たしざんを　しましょう。

○	○	○	△	△	△	△			

3 ＋ 4 ＝

○	○	○	○	○	△	△			

5 ＋ 2 ＝

○	○	○	○	○	○	△	△		

6 ＋ 2 ＝

○	○	○	○	△	△	△	△		

4 ＋ 4 ＝

○	○	○	○	○	○	○	△		

7 ＋ 1 ＝

○	○	○	○	○	○	△	△	△	△

6 ＋ 4 ＝

じぶんで　○や　△を　かいて　たしざんを　しましょう。

3 ＋ 3 ＝

4 ＋ 5 ＝

2 ＋ 0 ＝

5 ＋ 5 ＝

9 ＋ 1 ＝

0 ＋ 4 ＝

コピー用

おうちの　ひとに　たしざんの　もんだいを　かいて

もらいましょう。

15 ひきざんの れんしゅう

てほんの　ように　ひきざんを　しましょう。

てほん

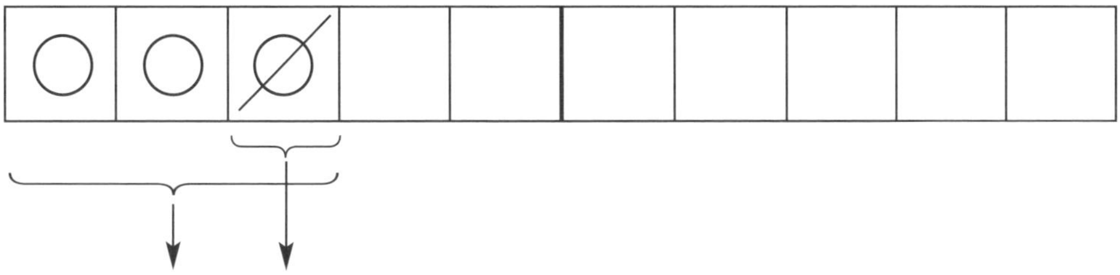

3 − 1 ＝ 2

れんしゅう

3 − 1 ＝

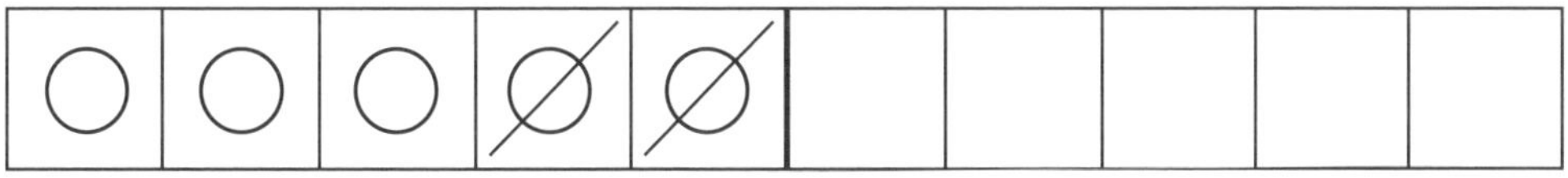

5 − 2 ＝

4 − 3 ＝

ひきざんを　しましょう。

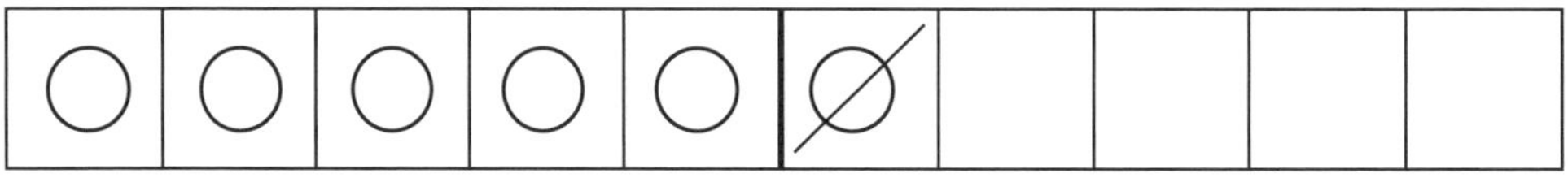

6 － 1 ＝

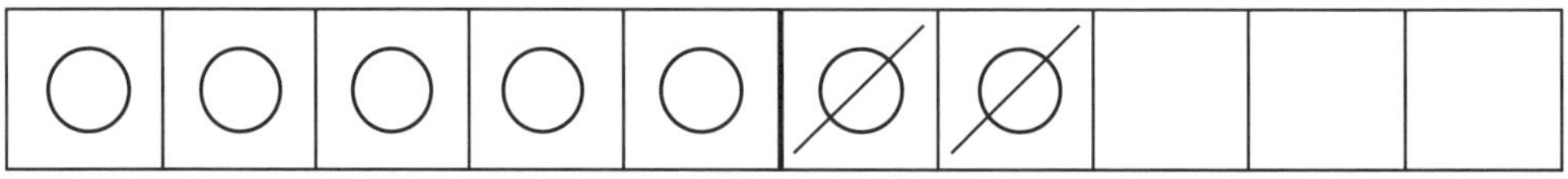

7 － 2 ＝

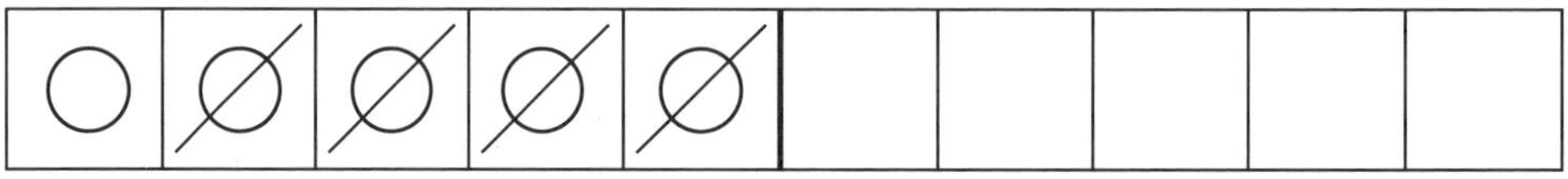

5 － 4 ＝

3 － 0 ＝

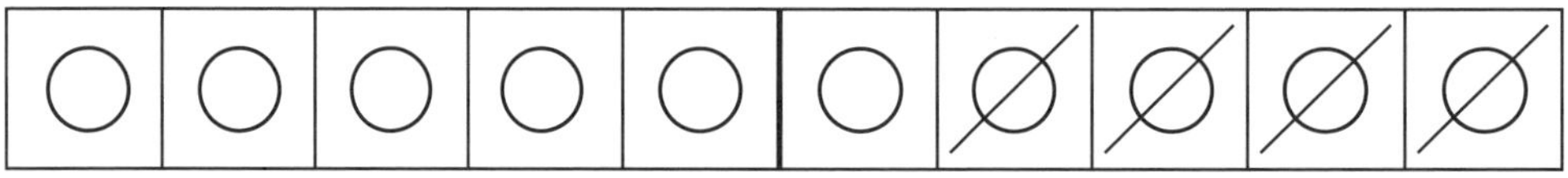

10 － 4 ＝

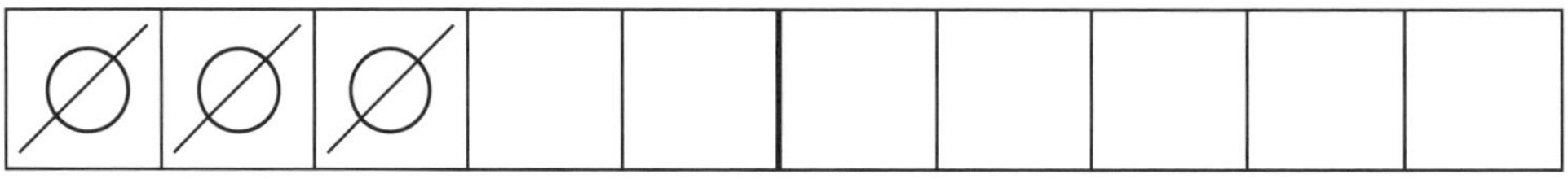

3 － 3 ＝

じぶんで　○や　／を　かいて　ひきざんを　しましょう。

4 − 1 =

5 − 3 =

2 − 0 =

4 − 2 =

6 − 3 =

7 − 4 =

コピー用

おうちの　ひとに　ひきざんの　もんだいを　かいて

もらいましょう。

おおきい　かずから　ちいさい　かずを　ひきましょう。

てほん

③ ⑤

5 − 3 = 2

⑥ ②

□ − □ = □

④ ⑦

□ − □ = □

⑩ ⓪

□ − □ = □

16 けいさん れんしゅう たしざん ひきざん

2 ＋ 1 ＝	3 − 2 ＝
3 ＋ 2 ＝	5 − 3 ＝
2 ＋ 5 ＝	7 − 2 ＝
1 ＋ 0 ＝	6 − 3 ＝
5 ＋ 3 ＝	4 − 0 ＝
4 ＋ 3 ＝	10 − 4 ＝
0 ＋ 8 ＝	8 − 5 ＝
7 ＋ 3 ＝	2 − 1 ＝
6 ＋ 3 ＝	7 − 6 ＝
4 ＋ 6 ＝	2 − 2 ＝

17 □の　ある たしざん ひきざん

□の　なかに　はいる　かずを　かんがえて　かきましょう。

てほん

5 + [1] = 6　　5 − [1] = 4

れんしゅう

5 + □ = 6　　5 − □ = 4

7 + □ = 9　　3 − □ = 1

8 + □ = 10　　7 − □ = 2

3 + □ = 6　　8 − □ = 5

5 + □ = 5　　3 − □ = 2

5 + □ = 10　　5 − □ = 5

クイズ《くいず》で　ひとやすみ

けいさんを　して　こたえと　おなじ　かずの　ところに、

もじを　かきましょう。

4 ＋ 3 ＝		―	す
5 － 3 ＝		―	っ
5 ＋ 3 ＝		―	う
1 ＋ 0 ＝		―	ゆ
4 － 1 ＝		―	く
3 ＋ 2 ＝		―	さ
1 ＋ 3 ＝		―	り
8 － 2 ＝		―	ん

1	2	3	4	5	6	7	8

10までの　かず　えで　とく　ぶんしょうだい

えの もんだい　1　てほん

りんごが　2こ

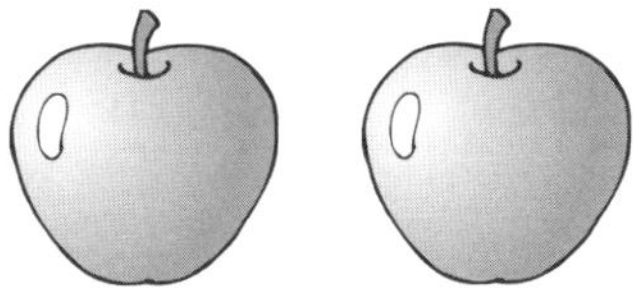

みかんが　1こ

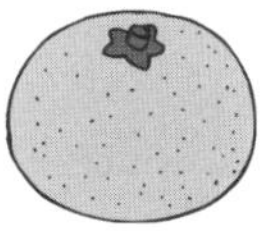

あわせて　なんこ　ありますか。

どっちかな？　（ たしざん　ひきざん ）

しき

2 ＋ 1 ＝ 3

こたえ　3　こ

よむ もんだい 1　てほん

りんごが　2こ、みかんが　1こ　あります。
あわせて　なんこ　ありますか。

りんごの　かずだけ　○を　かきましょう。

○	○								

みかんの　かずだけ　○を　かきましょう。

○									

しき

$$2 + 1 = 3$$

こたえ　3　こ

えの もんだい　1

りんごが　2こ

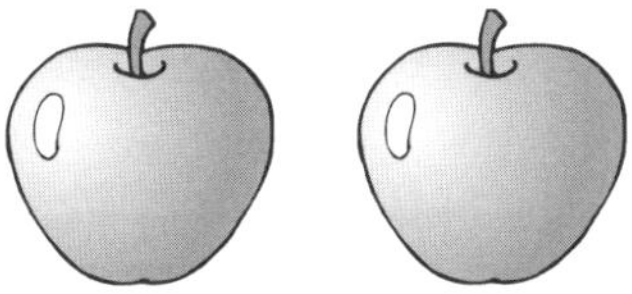

みかんが　1こ

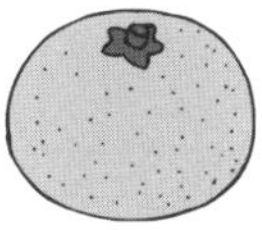

あわせて　なんこ　ありますか。

どっちかな？　（　たしざん　　ひきざん　）

しき

こたえ ____________________

よむ もんだい 1

りんごが　2こ、みかんが　1こ　あります。

あわせて　なんこ　ありますか。

りんごの　かずだけ　○を　かきましょう。

みかんの　かずだけ　○を　かきましょう。

しき

こたえ ＿＿＿＿＿＿＿＿

えの もんだい 2

まるい　クッキー《くっきい》が　3まい

しかくい　クッキー《くっきい》が　2まい

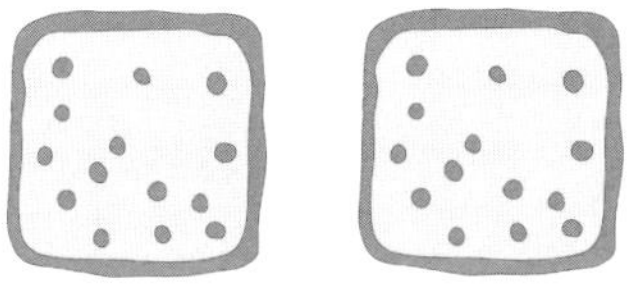

あわせて　なんまい　ありますか。

どっちかな？　（　たしざん　　ひきざん　）

しき

こたえ ____________________

よむ もんだい　2

まるい　クッキー《くっきい》が　3まい、しかくい　クッキー《くっきい》が　2まい　あります。

あわせて　なんまい　ありますか。

まるい　クッキー《くっきい》の　かずだけ　○を　かきましょう。

しかくい　クッキー《くっきい》の　かずだけ　○を　かきましょう。

しき

こたえ ＿＿＿＿＿＿＿＿

えの もんだい　3

くりの　ケーキ《けえき》が　4こ

いちごの　ケーキ《けえき》が　2こ

ぜんぶで　いくつ　ありますか。

どっちかな？　（　たしざん　　ひきざん　）

しき

こたえ ＿＿＿＿＿＿＿＿

よむ もんだい　3

くりの　ケーキ《けえき》が　4こ、いちごの　ケーキ《けえき》が　2こ

あります。

ぜんぶで　いくつ　ありますか。

くりの　ケーキ《けえき》の　かずだけ　○を　かきましょう。

いちごの　ケーキ《けえき》の　かずだけ　○を　かきましょう。

しき

こたえ

えの もんだい　4

おとこのこが　4にん

おんなのこが　ふたり

みんなで　なんにん　いますか。

どっちかな？　（　たしざん　　ひきざん　）

しき

こたえ ＿＿＿＿＿＿＿＿

よむ もんだい　4

おとこのこが　4にん、おんなのこが　ふたり　います。
みんなで　なんにん　いますか。

おとこのこの　かずだけ　○を　かきましょう。

おんなのこの　かずだけ　○を　かきましょう。

しき

こたえ ＿＿＿＿＿＿＿＿

えの もんだい 5　てほん

りんごが　5こ　ありました。

きょう　2こ　たべました。

のこりは　なんこですか。

たべた　りんごに　／を　つけましょう。

(みぎから　つけてね。)

どっちかな？　(　たしざん　ひきざん　)

しき

5 － 2 ＝ 3

こたえ　3　こ

よむ もんだい　5　てほん

りんごが　5こ　ありました。
きょう　2こ　たべました。
のこりは　なんこですか。

さいしょの　りんごの　かずだけ　○を　かきましょう。

○	○	○	⊘	⊘					

たべた　かずだけ　／を　つけましょう。(みぎから　つけてね。)

しき

$$5 - 2 = 3$$

こたえ　3　こ

えの もんだい 5

りんごが　5こ　ありました。

きょう　2こ　たべました。

のこりは　なんこですか。

たべた　りんごに　／を　つけましょう。

(みぎから　つけてね。)

どっちかな？　(　たしざん　　ひきざん　)

しき

こたえ＿＿＿＿＿＿＿＿＿＿

よむ もんだい　5

りんごが　5こ　ありました。

きょう　2こ　たべました。

のこりは　なんこですか。

さいしょの　りんごの　かずだけ　○を　かきましょう。

たべた　かずだけ　／を　つけましょう。

（みぎから　つけてね。）

しき

こたえ ＿＿＿＿＿＿＿＿

えの もんだい　6

ジュース《じゅうす》が　6ぽん　ありました。

まちこさんと　おにいさんで　2ほん　のみました。

のこりは　なんぼんでしょう。

のんだ　ジュース《じゅうす》に　／を　つけましょう。

(みぎから　つけてね。)

どっちかな？　(　たしざん　　ひきざん　)

しき

こたえ ＿＿＿＿＿＿＿＿＿＿

よむ もんだい　6

ジュース《じゅうす》が　6ぽん　ありました。

まちこさんと　おにいさんで　2ほん　のみました。

のこりは　なんぼんでしょう。

さいしょの　ジュース《じゅうす》の　かずだけ　○を　かきましょう。

のんだ　ジュース《じゅうす》の　かずだけ　／を　ひきましょう。

(みぎから　つけてね。)

しき

こたえ ＿＿＿＿＿＿＿＿

えの もんだい 7

むこうの おりには、ぞうが 2とう います。

こちらの おりには、 ぞうが 3とう います。

ぞうは あわせて なんとう いますか。

どっちかな？ （ たしざん ひきざん ）

しき

こたえ ＿＿＿＿＿＿＿＿＿＿

よむ もんだい　7

むこうの　おりには、ぞうが　2とう　います。
こちらの　おりには、ぞうが　3とう　います。
ぞうは　あわせて　なんとう　いますか。

むこうの　おりの　ぞうの　かずだけ、○を　かきましょう。

こちらの　おりの　ぞうの　かずだけ、○を　かきましょう。

しき

こたえ ＿＿＿＿＿＿＿＿

えの もんだい 8

おりがみが　8まい　ありました。

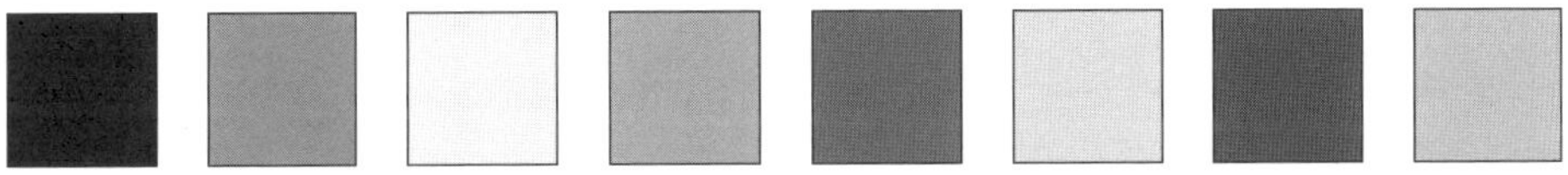

4まい　つかいました。

のこりは　なんまいでしょう。

つかった　おりがみに　／を　つけましょう。

(みぎから　つけてね。)

どっちかな？　（　たしざん　　ひきざん　）

しき

こたえ ____________

よむ もんだい　8

おりがみが　8まい　ありました。4まい　つかいました。
のこりは　なんまいでしょう。

さいしょの　おりがみの　かずだけ　○を　かきましょう。

つかった　おりがみの　かずだけ　／を　ひきましょう。
(みぎから　つけてね。)

しき

こたえ ____________________

えの もんだい　9

つばめが、きのう　3わ　とんで　きました。

きょう、また　5わ　とんで　きました。

ぜんぶで　なんわ　とんで　きましたか。

どっちかな？　（　たしざん　　ひきざん　）

しき

こたえ ＿＿＿＿＿＿＿＿

よむ もんだい　9

つばめが、　きのう　3わ　とんで　きました。

きょう、また　5わ　とんで　きました。

ぜんぶで　なんわ　とんで　きましたか。

きのう　とんで　きた　つばめの　かずだけ、○をかきましょう。

きょう　とんで　きた　つばめの　かずだけ、○をかきましょう。

しき

こたえ ＿＿＿＿＿＿＿＿

えの もんだい 10　てほん

りんごは　5こ　あります。

みかんは　2こ　あります。

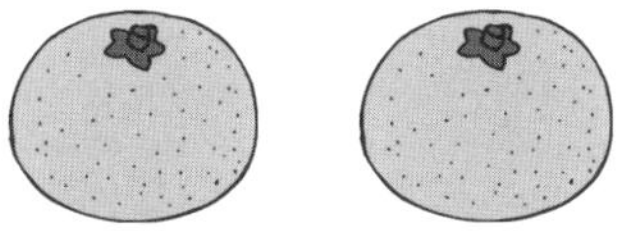

ちがいは　いくつ　ですか。

どっちかな？　（　たしざん　ひきざん　）

しき

5 － 2 ＝ 3

こたえ　3　こ

よむ もんだい 10　てほん

りんごは　5こ　あります。

みかんは　2こ　あります。

ちがいは　いくつ　ですか。

りんごと　みかんの　かずだけ　○を　かきましょう。

りんご	○	○	○	○	○					
みかん	○	○								

しき

$$5 - 2 = 3$$

こたえ　3　こ

えの もんだい 10

りんごは　5こ　あります。

みかんは　2こ　あります。

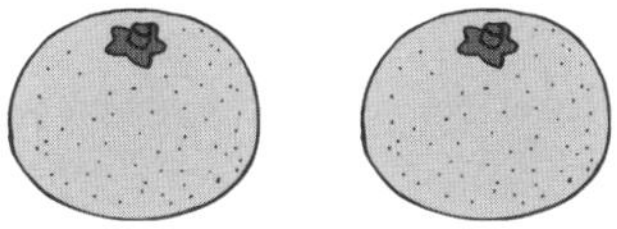

ちがいは　いくつ　ですか。

どっちかな？　（　たしざん　　ひきざん　）

しき

こたえ ____________________

よむ もんだい 10

りんごは　5こ　あります。

みかんは　2こ　あります。

ちがいは　いくつ　ですか

りんごと　みかんの　かずだけ　○を　かきましょう。

りんご										
みかん										

しき

こたえ ＿＿＿＿＿＿＿＿

えの もんだい 11

バナナ《ばなな》は　3ぼん　あります。

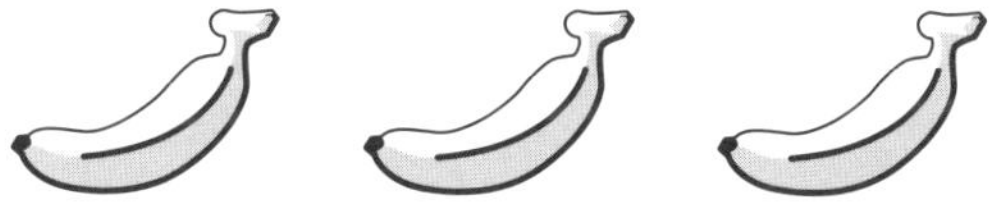

にんじんは　5ほん　あります。

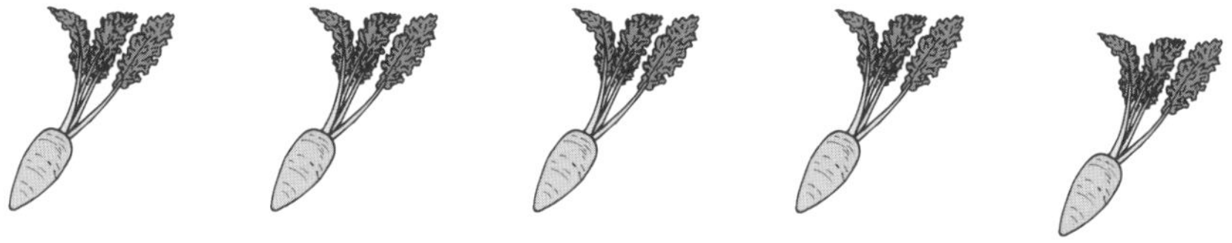

どっちが　いくつ　おおいですか。

どっちかな？　（　たしざん　　ひきざん　）

しき

こたえ ＿＿＿＿＿＿ が ＿＿＿＿ ほん　おおい

よむ もんだい 11

バナナ《ばなな》は　3ぼん　あります。

にんじんは　5ほん　あります。

どっちが　いくつ　おおいですか。

バナナ《ばなな》と　にんじんの　かずだけ　○を　かきましょう。

バナナ《ばなな》										
にんじん										

しき

こたえ ＿＿＿＿＿＿＿＿＿＿＿＿＿＿＿＿

えの もんだい 12

きのう　ひよこが　4わ　かえりました。

きょう　また　3わ　かえりました。

みんなで　なんわ　かえりましたか。

どっちかな？　（　たしざん　　ひきざん　）

しき

こたえ ________________

よむ もんだい 12

きのう　ひよこが　4わ　かえりました。

きょう　また　3わ　かえりました。

みんなで　なんわ　かえりましたか。

きのう　かえった　ひよこの　かずだけ　○を　かきましょう。

きょう　かえった　ひよこの　かずだけ　○を　かきましょう。

しき

こたえ ______________

えの もんだい 13

ももが　8こ　あります。

メロン《めろん》は　6こ　あります。

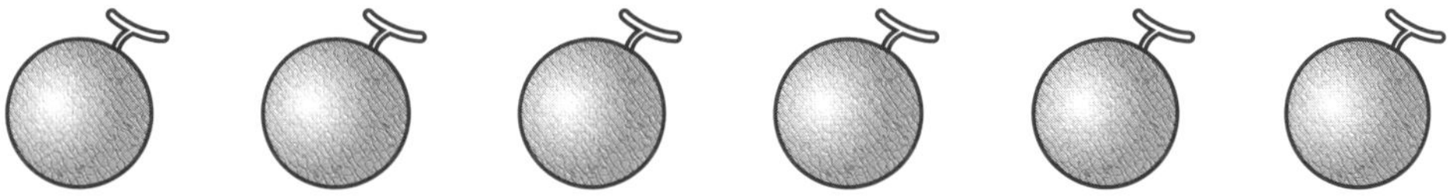

どちらが　いくつ　すくないですか。

どっちかな？　（　たしざん　　ひきざん　）

しき

こたえ ＿＿＿＿＿＿＿＿ が ＿＿＿＿＿ こ　すくない

よむ もんだい 13

ももが　8こ　あります。
メロン《めろん》は　6こ　あります。
どちらが　いくつ　すくないですか。

ももと　メロン《めろん》の　かずだけ　○を　かきましょう。

も　も										
メロン《めろん》										

しき

こたえ ＿＿＿＿＿＿＿＿＿＿＿＿＿＿＿＿

えの もんだい 14

なすと トマト《とまと》が 3こずつ あります。

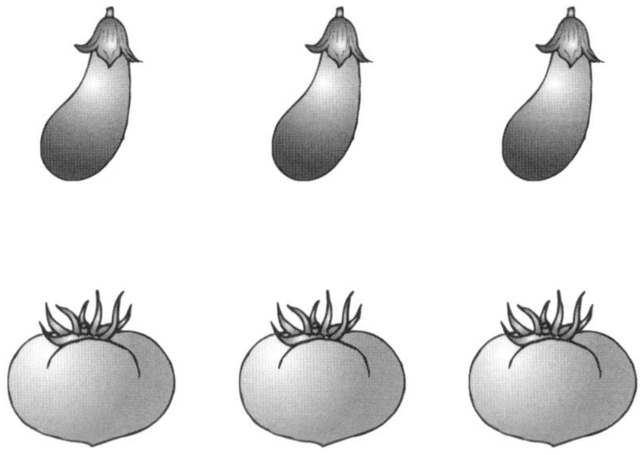

ぜんぶで なんこ ありますか。

どっちかな？ （ たしざん ひきざん ）

しき

こたえ ____________________

よむ もんだい 14

なすと　トマト《とまと》が　3こずつ　あります。
ぜんぶで　なんこ　ありますか。

なすの　かずだけ　○を　かきましょう。

トマト《とまと》の　かずだけ　○を　かきましょう。

しき

こたえ ＿＿＿＿＿＿＿＿

えの もんだい 15

しょうぼうしゃと パトカー《ぱとかあ》が 4だいずつ とおりました。

あわせて なんだい とおりましたか。

しき

こたえ ________________

よむ もんだい 15

しょうぼうしゃと　パトカー《ぱとかあ》が　4だいずつ　とおりました。
あわせて　なんだい　とおりましたか。

しょうぼうしゃの　かずだけ　○を　かきましょう。

パトカー《ぱとかあ》の　かずだけ　○を　かきましょう。

しき

こたえ ______________

えの もんだい 16

きの　えだに　はとが　3わ　います。いえの　やねには　はとが　4わ　います。はとは　あわせて　なんわ　いますか。

どっちかな？　（　たしざん　　ひきざん　）

しき

こたえ ＿＿＿＿＿＿＿＿

よむ もんだい 16

きの　えだに　はとが　3わ　います。
いえの　やねには　はとが　4わ　います。
はとは　あわせて　なんわ　いますか。

きの　えだに　いる　はとの　ぶんだけ　○を　かきましょう。

いえの　やねに　いる　はとの　ぶんだけ　○を　かきましょう。

しき

こたえ ＿＿＿＿＿＿＿＿

えの もんだい 17

みかんが　10こ　ありました。かぞく　みんなで、7こ

たべました。のこりは　いくつですか。

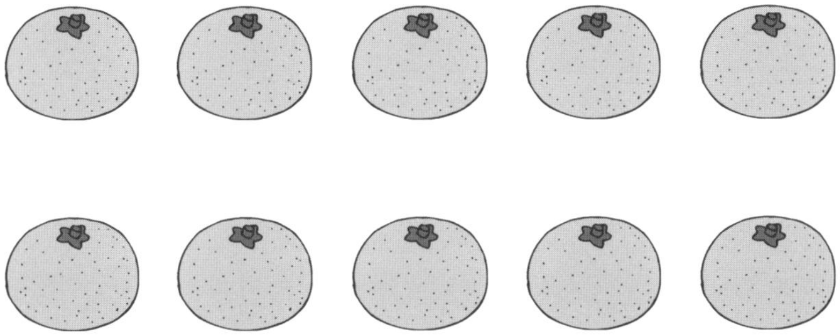

どっちかな？　（　たしざん　　ひきざん　）

しき

こたえ ＿＿＿＿＿＿＿＿

よむ もんだい 17

みかんが　10こ　ありました。
かぞく　みんなで、7こ　たべました。
のこりは　いくつですか。

さいしょの　みかんの　かずだけ　○を　かきましょう。

たべた　みかんの　かずだけ　／を　つけましょう。

しき

こたえ ＿＿＿＿＿＿＿＿

えの もんだい 18

ケーキ《けえき》は　7こ　あります。

ジュース《じゅうす》は　9ほん　あります。

どちらが　いくつ　たりないですか。

どっちかな？　（　たしざん　　ひきざん　）

しき

こたえ ＿＿＿＿＿＿＿＿ **が** ＿＿＿＿＿＿＿＿ **たりない**

よむ もんだい 18

ケーキ《けえき》は　7こ　あります。

ジュース《じゅうす》は　9ほん　あります。

どちらが　いくつ　たりないですか。

ケーキ《けえき》と　ジュース《じゅうす》の　かずだけ　○を　かきましょう。

ケーキ《けえき》										
ジュース《じゅうす》										

しき

こたえ ＿＿＿＿＿＿＿＿＿＿＿＿

えの もんだい 19

チューリップ《ちゅうりっぷ》が　5ほん　さいて　います。

もう　3ぼん　さくと、なんぼんに　なりますか。

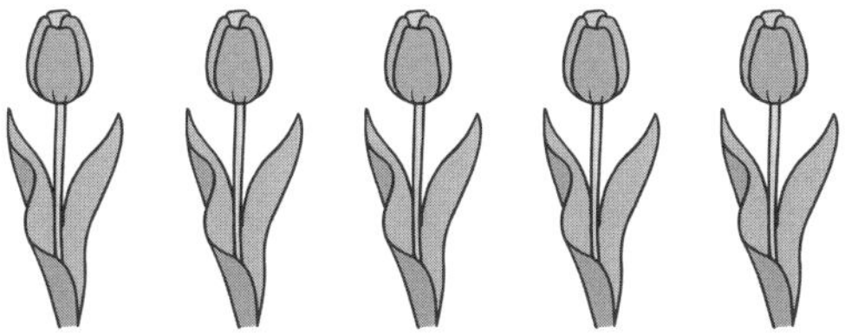

どっちかな？　（　たしざん　　ひきざん　）

しき

こたえ ＿＿＿＿＿＿＿＿

よむ もんだい 19

チューリップ《ちゅうりっぷ》が　5ほん　さいて　います。

もう　3ぼん　さくと、なんぼんに　なりますか。

さいしょの　チューリップ《ちゅうりっぷ》の　かずだけ　○を　かきましょう。

もう　なんぼん　さいた　ときの　ことを　かんがえますか。

しき

こたえ

えの もんだい 20

こどもが　7にん　います。

ドーナッツ《どうなっつ》が　5こ　あります。

みんなに　あげるには　ドーナッツ《どうなっつ》は

もう　いくつ　いりますか。

どっちかな？　（　たしざん　　ひきざん　）

しき

こたえ＿＿＿＿＿＿＿＿＿＿こ

よむ もんだい 20

こどもが 7にん います。ドーナッツ《どうなっつ》が 5こ あります。
みんなに あげるには ドーナッツ《どうなっつ》は
もう いくつ いりますか。

こどもと ドーナッツ《どうなっつ》の かずだけ、○を かきましょう。

こども										
ドーナッツ《どうなっつ》										

しき

こたえ ＿＿＿＿＿＿＿＿

まとめ 1

あかい　チューリップ《ちゅうりっぷ》が　5ほん　さきました。
きいろい　チューリップ《ちゅうりっぷ》が　3ぼん　さきました。
チューリップ《ちゅうりっぷ》は　あわせて　なんぼん　さきましたか。

しき

こたえ ＿＿＿＿＿＿＿＿

まとめ 2

ちゅうしゃじょうに　くるまが　8だい　とまって
いました。2だい　でていきました。
くるまは　なんだい　のこって　いますか。

しき

こたえ ＿＿＿＿＿＿＿＿

まとめ 3

しょうぼうしゃが　8だい　はしって　いきました。
あとから　きゅうきゅうしゃが　2だい　はしって
いきました。ぜんぶで　なんだい　とおりましたか。

しき

こたえ ______________________

まとめ 4

まちこさんは　きんぎょすくいで　きんぎょを　6ぴき
すくいました。
あと　3びき　すくうと　なんびきに　なりますか。

しき

こたえ ______________________

ま　と　め　5

なしが　6こ　あります。

りんごは　8こ　あります。

なしと　りんごの　ちがいは　いくつですか。

しき

こたえ ______________

ま　と　め　6

みつるくんは、ミニカー《みにかあ》を　5だい　もって　います。

おにいさんは、ミニカー《みにかあ》を　7だい　もって　います。

どちらが　なんだい　おおく　もって　いますか。

しき

こたえ ______________

まとめ 7

さとみさんは　やおやさんで　バナナ《ばなな》と　きゅうりを　4ほんずつ　かいました。

ぜんぶで　なんほん　かいましたか。

しき

こたえ ________________

まとめ 8

ケーキ《けえき》が　7こ　あります。おさらは　5まいしか　ありません。ケーキ《けえき》を　それぞれ　おさらに　のせるには　おさらは　なんまい　たりませんか。

しき

こたえ ________________

まとめ 9

こうえんで、こどもが　5にん　あそんで　いました。

あとから、もう　4にん　きました。

いま、こうえんでは　なんにん　あそんで　いますか。

しき

こたえ ______________

まとめ 10

おともだちが　8にん　います。

アイスキャンディー《あいすきゃんでぃい》が　10ぽん　あります。

ひとりに　1ぽんずつ　あげると　なんぼん　あまりますか。

しき

こたえ ______________

まとめ 11

こどもが　みんなで　9にん　います。
クッキー《くっきい》が　6まい　あります。みんなに　1まいずつ
あげるには、もう　なんまい　いりますか。

しき

こたえ ______________________

まとめ 12

ちゅうしゃじょうに　くるまが　8だい　とまって　います。
もう　2だい　くると　くるまは　なんだいに
なりますか。

しき

こたえ ______________________

たしざん と ひきざん の キーワード《きいわあど》(ヒント《ひんと》 の ことば)

つぎの　もんだいは　たしざんかな？　ひきざんかな？

(　　　)に　かきましょう。

てほん

あわせて　いくつ？　(　たしざん　)

あわせて　いくつ？　(　　　　　)

のこりは　いくつ？　(　　　　　)

ちがいは　いくつ？　(　　　　　)

ぜんぶで　いくつ？　(　　　　　)

いくつ　おおい？　(　　　　　)

いくつ　すくない？　(　　　　　)

みんなで　いくつ？　(　　　　　)

もう　いくつ　いりますか？　(　　　　　)

ふえると　いくつ？　(　　　　　)

いくつ　たりない？　(　　　　　)

いくつ　あまる？　(　　　　　)

できなかった　もんだいを　また　れんしゅう　しましょうね。

もんだいづくり　1

「あわせて　いくつ？」の　もんだいを　つくって　みましょう。

つくった　もんだいを　といて　みましょう。

もんだい

しき

こたえ＿＿＿＿＿＿＿＿＿＿

もんだいづくり 2

「のこりは　いくつ？」の　もんだいを　つくって　みましょう。

つくった　もんだいを　といて　みましょう。

もんだい

しき

こたえ ＿＿＿＿＿＿＿＿＿＿

もんだいづくり　3

「ふえると　いくつ？」の　もんだいを　つくって　みましょう。
つくった　もんだいを　といて　みましょう。

もんだい

しき

こたえ ＿＿＿＿＿＿＿＿

もんだいづくり 4

「どちらが　いくつ　おおいですか？」の　もんだいを　つくって　みましょう。つくった　もんだいを　といて　みましょう。

もんだい

しき

こたえ ＿＿＿＿＿＿＿＿

【著者プロフィール】

武田　洋子
（たけだ・ようこ）

秋田県生まれ。
1977年　秋田大学医学部卒業
1978年　信州大学医学部小児科学教室入局
1991年　フランス　パリ　ネッカー小児病院にて研修
1992年　帰国後、障害者医療に従事
日本小児科学会認定　小児科専門医

［装幀］　池田泰子
［イラスト］　池田泰子
［本文DTP］　ニシ工芸
［編集協力］　小学館クリエイティブ
［編集担当］　横山英行

小児科医がつくった

おくれがちな子、LD児、ADHD児など、どの子も伸ばす
ゆっくり　さんすう　プリント
10までの　かず

2007年２月20日　初版第１刷発行
2021年８月11日　　第８刷発行

発行人　杉本　隆
発行所　小学館
〒101－8001
東京都千代田区一ツ橋 2-3-1
電話　〈編集〉03（3230）5470
〈販売〉03（5281）3555
印刷所　図書印刷株式会社
製本所　図書印刷株式会社

 ISBN978－4－09－837700－8